D0588573

À ma mère,
avec qui je jouais au jeu de la photo.

couverture
Sébastien Ricard
Avant que mon cœur bascule, 2012.

ci-contre
Guillaume Lemay-Thivierge
Nitro, 2007.

Un temps d'acteur

a été publié sous la direction littéraire de Renaud Plante.

Design graphique: Sarah Marcotte-Boislard
Direction de la production: Marie-Claude Pouliot
Révision: Jenny-Valérie Roussy
Correction: Marie Lamarre

© 2015 Sébastien Raymond et les éditions Somme toute

ISBN 978-2-924283-89-9

Nous remercions le Conseil des arts du Canada de l'aide accordée à notre programme de publication
et la SODEC pour son appui financier en vertu du Programme d'aide aux entreprises du livre et de l'édition spécialisée.

Nous reconnaissons l'aide financière du gouvernement du Canada par l'entremise du Fonds du livre du Canada (FLC)
pour nos activités d'édition.

Gouvernement du Québec – Programme de crédit d'impôt pour l'édition de livres – Gestion SODEC

Toute reproduction, même partielle, de cet ouvrage est interdite. Une copie ou reproduction par quelque procédé que ce soit,
photographie microfilm, bande magnétique disque ou autre, constitue une contrefaçon passible des peines prévues par la loi
du 11 mars 1957 sur la protection des droits d'auteur.

Dépôt légal – 4e trimestre 2015
Bibliothèque et Archives nationales du Québec
Bibliothèque et Archives Canada

Tous droits réservés
Imprimé au Canada

Sébastien Raymond

Un temps d'acteur

« Le cinéma c'est collectif et solitaire, ce qui me va très bien. C'est une dépendance, mais elle est tellement agréable que le plaisir l'emporte sur les mauvaises raisons, comme le besoin de fuir la réalité. »

Isabelle Huppert

Prolégomènes

———

Je devais avoir une dizaine d'années, nous habitions un petit pavillon de la banlieue parisienne. Mes sœurs et moi n'avions le droit de regarder qu'un seul film à la télévision durant la semaine. Il s'agissait du «film du mardi soir», souvent un classique. Avec ma mère s'était instauré un petit jeu, qui consistait à retrouver dans ce film la photo qui en illustrait la présentation dans le magazine télé. Avant qu'il ne commence, nous regardions attentivement l'image; puis, tout au long du film, nous attendions le moment de crier «photo!». L'action ne nous préoccupait guère, tant nous étions concentrés à ne pas manquer l'instant fatidique. Je ne me doutais pas alors que ce petit jeu était aussi prémonitoire, annonçant mon futur métier…

Je ne m'étais jamais posé la question de l'origine de ces photos de films. Elles étaient là, imprimées, ou bien affichées dans de petites vitrines à l'entrée des cinémas. Je me souviens d'avoir passé de longues minutes à les regarder. C'était la seule occasion pour le public de voir des images des œuvres qui sortaient sur les écrans. Une rangée de cinq ou six photos 8 x 12, qui nous donnait le goût d'aller voir le film.

Bien des années plus tard, alors que je nourrissais des ambitions de grand reporter-photographe, l'agence Sipa Press pour laquelle je travaillais me demanda d'aller couvrir le tournage d'un téléfilm. Il s'agissait surtout de prendre des photos de Madeleine Robinson, icône du cinéma français des années 50, qui se faisait rare sur les plateaux. Jusqu'alors, mon univers photographique était la rue, et c'était un monde nouveau que je découvrais avec le plateau de cinéma. Je n'avais aucune idée de ce qu'il fallait faire, de quels étaient les codes ou le type d'images à réaliser. Pourtant, dès mon arrivée sur le tournage, je me sentis sur un terrain familier. Je pris rapidement ma place sur le plateau sans faire de bruit, trouvant là un univers qui me correspondait. La discrétion, l'organisation stricte du tournage venaient compenser mon caractère un peu trop extraverti. J'avais l'impression d'être en contrôle de ce que je faisais, et j'y retournai le lendemain, enchanté de ma première journée. Alors qu'elle refusait toute séance photo, Madeleine Robinson accepta ma demande, peut-être rassurée ou touchée par ma timidité. Je me retrouvai ainsi, à 22 ans, seul face à un monstre sacré du cinéma. J'étais très intimidé et ne parlais guère. Elle prenait la pose très naturellement, habituée à ce genre d'exercice. Elle se tenait droite, fière, sérieuse, en me montrant quoi faire. Puis, soudainement, à la fin de la séance, l'improbable se produisit : elle me fit une grimace et me tira la langue ! En bon reporter d'actualité, je ne manquai pas ce moment, et repartis en fin de journée avec la satisfaction d'avoir saisi une bonne image.

Mes photos plurent à l'agence, qui décida de m'envoyer régulièrement sur les tournages. J'aimais ça, même si je n'étais pas équipé convenablement. Au bout de deux ans, j'avais déjà une bonne habitude du métier de photographe de plateau, mais je n'envisageais pas d'en faire ma spécialité. Je continuais à couvrir l'actualité, à voyager, et commençais tranquillement à travailler en studio. L'agence me demanda de couvrir le tournage du clip de la chanson *Bille de verre*, interprétée par Maxime Le Forestier. J'avais rencontré Maxime lors d'un reportage dans le désert tunisien, et nous avions sympathisé. J'étais heureux à l'idée de le revoir, mais lorsque l'agence m'annonça le nom du réalisateur du clip, je fus tétanisé. Il s'agissait de Raymond Depardon, mon maître absolu, un géant de la photographie, grand reporter, écrivain, un immense artiste. J'avais déjà rencontré beaucoup de vedettes, mais jamais quelqu'un que j'admirais autant.

p.6
Festival de Cannes, 1998.
photo: Éric Mégret

ci-contre
Madeleine Robinson, 1992.

Les deux premiers jours de tournage, je restai muet, prenant mes photos le plus discrètement possible, complètement paralysé. Depardon tournait avec douceur et précision, et ne semblait pas faire attention à moi. Le troisième jour, nous tournions en extérieur, en pleine campagne. Au milieu de la matinée, juste avant de lancer le moteur, Depardon s'arrêta, me fixa droit dans les yeux et me dit de sa voix douce et grave : «Je pense avoir enfin trouvé un photographe plus discret que moi!» Puis, sans bruit, il reprit sa caméra. Je restai interdit, incapable de prononcer un mot. Cette phrase résonne encore souvent en moi. Ce fut un autre jour prémonitoire et déterminant, car le clip que tournait Maxime Le Forestier était un duo avec Michel Rivard. Je ne connaissais pas Michel et, pourtant, il m'invita à venir le voir à Montréal, me griffonnant son adresse sur un bout de papier. J'étais étonné de tant de gentillesse et de simplicité, me disant que les Québécois devaient être tous vraiment sympathiques!

Quelques jours plus tard, j'étais à bord d'une barque, à prendre des photos de Gilles Vigneault pour la sortie de son album *Le chant du portageur*... Pour prendre quelques photos de promotion, mon agence avait organisé un rendez-vous au bord d'un petit étang de Créteil, petite ville triste de la banlieue parisienne. Rien de comparable aux forêts québécoises, le plan d'eau étant bordé de barres d'immeubles. Une fois rendu sur l'eau, pas un arbre à l'horizon, encore moins un castor ou un orignal... Il m'était difficile de rendre en image la majesté des paysages de la Belle Province, mais Gilles, en conteur remarquable, me faisait voyager, me racontant la vie incroyable des coureurs des bois. Je découvrais avec ses mots un pays que je ne connaissais pas et qui, à l'époque, n'attirait pas encore les foules de jeunes français.

Il était écrit, sans que je le sache alors, que je me retrouverai sept ans plus tard, photographe de plateau au Québec.

En 1998, juste avant mon départ pour le Québec, j'étais allé travailler à Los Angeles sur deux longs métrages indépendants. L'un d'eux était *Twin Falls Idaho*, réalisé par les frères Polish. Un superbe scénario sur des frères siamois, dont l'un des deux va mourir. Jusqu'alors, j'avais partagé mon travail entre la photo d'actualité, de studio et le reportage corporatif, et je n'avais jamais envisagé de faire du cinéma mon milieu de travail. À Los Angeles, je découvris ce qu'était vraiment le métier de photographe de plateau. Les exigences des producteurs étaient grandes mais, surtout, je ne me sentais plus marginalisé; je faisais réellement partie de l'équipe. Habitué aux gentilles railleries sur le fait que je ne venais pas tous les jours sur le plateau de tournage, je me rendais compte soudain de l'importance de mon travail en participant à ce film très intense. Tout le monde sur le plateau, sans exception, travaillait avec enthousiasme, dévoué aux réalisateurs. À peine quelques jours après avoir commencé, j'eus le déclic. Nous tournions une scène très intimiste où le médecin joué par Patrick Bauchau (comédien que j'aimais beaucoup) ausculte les frères siamois et leur annonce que l'un d'eux va mourir, car il vit avec le cœur de l'autre. La pièce était petite, les acteurs parlaient bas, et j'étais très proche d'eux. Pendant la prise, je frissonnai, et je compris que j'étais réellement passionné par ce métier. Sur ce film se trouvaient tous les ingrédients de la photo de plateau : l'amour du cinéma, une belle histoire, des scènes magnifiques à photographier, de la tension, du risque et le sentiment d'être utile.

Pour la première fois, j'envisageais alors d'en faire mon activité principale.

Au début de l'année 1999, je m'installais à Montréal et, à peine quelques semaines après être arrivé, je commençais à travailler. J'avais gardé contact avec les gens du Club Med, qui était l'un de mes clients en France. Le président de l'époque, Philippe Bourguignon, effectuait un voyage à Montréal en vue de développer le Club au Canada. Il m'invita à un souper où il avait réuni une vingtaine de personnalités québécoises. À l'heure du souper, aucun des visages qui m'entouraient ne m'était familier. Le repas, qui se tenait au Pied du Courant, fut très convivial, et naïvement, je demandai à mon voisin de table ce qu'il faisait dans la vie. Sans paraître surpris, il me dit qu'il dirigeait un club de hockey. C'était Réjean Houle. Je trouvais ça assez original et lui dis que ce devait être intéressant comme travail. Il me répondit amusé que «oui, c'était intéressant». Je ne connaissais rien au hockey, mais ma naïveté devait jouer en ma faveur, car il me proposa de me joindre à l'équipe de photographes du Canadien… Amateur de sport, j'y pris rapidement goût. Quelques semaines plus tard, mon voisin à Montréal, qui était avocat d'affaires, me demanda de passer à son club pour prendre une photo de groupe avec des Japonais venus signer un important contrat. J'arrivai donc un matin sur la rue Sherbrooke, frais rasé et cravaté. On m'invita à aller attendre dans la salle de réunion où aurait lieu la prise de photo. La pièce était sombre et les murs recouverts de bois épais, caractéristiques des

à gauche
Raymond Depardon, 1991.

p.15
Mohammad Bakri, Claudia Cardinale.
Sous les pieds des femmes, 1997.

ci-contre
**Michel Rivard, Maxime Le Forestier,
Raymond Depardon.**
Tournage du Clip *Bille de verre*, 1991.

vieux clubs privés anglais. Au fond de la pièce attendait un homme âgé, habillé d'un costume sombre. Il se tenait bien droit avec beaucoup de prestance. Je vins vers lui pour me présenter: «Sébastien Raymond, enchanté!» Il me serra chaleureusement la main en s'annonçant: «Pierre-Elliott Trudeau.» Je lui demandai s'il travaillait là. Il me répondit que oui et commença à me parler avec enthousiasme de la France, me disant qu'il y avait souvent été en visite, et me demanda quand j'étais arrivé, si je me plaisais ici. Il était vif, brillant, le regard intelligent. Je n'avais alors aucune idée de qui il était…

Deux jours plus tard, le Canadien me demanda de venir au club pour une séance photo avec un joueur. Je pris l'ascenseur et me rendis au salon des Anciens. Je me retrouvai alors seul en face de Maurice Richard, que je ne connaissais pas plus que l'illustre premier ministre…! Lorsque je sus qui j'avais rencontré en l'espace d'une semaine, je fus certain d'être au Québec pour y rester!

Je savais en venant à Montréal qu'il y avait du travail en cinéma. Mon portfolio sous le bras, je commençai à faire le tour des productions. Je fus convoqué par Shimon Dotan, producteur de téléfilms destinés au marché américain. Shimon était un ancien commandant de l'armée israélienne «reconverti» au cinéma. L'entrevue ne prit que quelques minutes, puis je fus engagé! Même si mon portfolio de photos de plateau était déjà bien fourni, j'étais tout de même surpris de la rapidité de sa décision. Shimon sentit mon interrogation. Il ouvrit alors mon portfolio et désigna l'une des photos du film *Sous les pieds des femmes*, sur lequel j'avais travaillé juste avant de quitter la France. Un très beau film sur la guerre d'Algérie avec Claudia Cardinale. Il me montra la photo d'une scène où Claudia Cardinale et l'acteur palestinien Mohammad Bakri sont ensemble.

Je ne comprenais pas trop, Shimon semblait troublé, et cette photo n'était pas l'une de mes meilleures; je l'avais mise là surtout pour la présence de Claudia Cardinale. Le producteur me dit alors qu'il avait été bouleversé en reconnaissant sur la photo Mohammad Bakri, son ami palestinien avec qui il était allé à l'université, et qu'il n'avait pas revu depuis des dizaines d'années. On se dit alors que le monde est petit, mais l'histoire ne se termine pas là. En travaillant à rassembler les autorisations de publication pour ce livre, je contactai Éric Atlan, le producteur du film *Sous les pieds des femmes* pour pouvoir utiliser la photo. Il répondit très rapidement à mon courriel, heureux d'avoir de mes nouvelles après presque 20 ans, et m'annonça qu'il venait prochainement tourner un film à Montréal et serait ravi de m'avoir comme photographe de plateau! La boucle est bouclée…

À

l'origine

—

Mes débuts comme photographe de plateau ont été assez faciles. J'ai eu la chance de débuter sur des sitcoms, en studio, avec trois caméras qui bougent peu, et dans une ambiance sympathique. En travaillant principalement pendant les répétitions, je n'avais pas besoin d'insonoriser ma caméra non plus. C'était l'idéal pour commencer, une pratique parfaite avant d'aller sur de «vrais» plateaux. Ce qui arriva assez vite, sur des séries télévisées. Pendant plusieurs années, je travaillai régulièrement sur une série policière très populaire en France, *Les Cordier, juge et flic*, avec Pierre Mondy. L'atmosphère était très familiale et les heures de tournage, humaines ; huit heures avec un lunch d'une heure et demie, ou bien les fameux «plateaux français» ; journée continue de sept heures… Les temps ont bien changé. Je me familiarisais tranquillement à la dynamique du cinéma, passant d'un téléfilm à l'autre. J'apprenais rapidement quelle était l'importance du réalisateur, et le pouvoir dont il dispose. Sur un tournage, tout prend une importance démesurée, et les responsabilités qui incombent au réalisateur le rendent parfois difficile à supporter. César, ayant le droit de vie ou de mort sur tout technicien, j'appris rapidement à

p.16
Bruno Cremer, 1993.

à gauche
Mel Brooks, 1991.
Un de mes premiers portrait de vedette.

ci-contre
David Hemmings, 1991.

être prudent. À l'époque, il y a 25 ans, on avait encore le temps de mettre en scène, d'éclairer, de «dresser» le plateau. Certes, les minutes étaient comptées mais elles étaient suffisantes pour raconter une histoire convenablement. Pour la télévision ou le cinéma, on tournait de la même façon, seul le format de la pellicule changeait. J'avais la chance de travailler sur plusieurs épisodes de la série *Les enquêtes du commissaire Maigret*, incarné par Bruno Cremer. C'était une coproduction avec la Suisse, et une bonne partie du tournage se passait à Genève et à Lausanne. Pour l'épisode *Les caves du Majestic*, la réalisation avait été confiée à Claude Goretta, réalisateur réputé (*La dentellière*). Il était très proche de ses comédiens, avec qui il passait de longues minutes à répéter. Il expliquait rapidement au directeur photo ce qu'il désirait et partait s'asseoir devant la caméra pour regarder la scène. La technique lui importait peu; sa préoccupation était le jeu. J'étais donc sans arrêt à ses côtés, pratiquement collé à lui pendant chaque scène, et j'attendais le moment où il allait me dire de sortir. Dans une scène plus difficile que les autres, il décida qu'il avait besoin d'espace, de vide. Il demanda à l'équipe de sortir, ne gardant que le directeur photo, le premier assistant, le son et moi. Il me dit: «Toi, tu restes.» Je ne sais pas pourquoi il m'avait gardé sur le plateau, peut-être s'était-il habitué à ma présence.

À Lausanne, en fin de journée, Bruno Cremer aimait inviter l'équipe à venir prendre une coupe de champagne à l'hôtel. Dans sa suite qui surplombait le lac Léman, en seigneur, il nous racontait ses souvenirs de tournage de *Paris brûle-t-il?*, de *Josepha*. La grande classe. Nous étions au cinéma.

Quelques mois plus tard, j'étais engagé sur un téléfilm mettant en vedette Marianne Sägebrecht, l'héroïne de *Bagdad Café*. Je n'avais pas encore commencé qu'on me mit en garde contre le réalisateur allemand Detlef Rönfeldt qui, à peine le tournage entamé, avait déjà renvoyé trois personnes. Un caractériel, une terreur. D'une nature pacifique mais méfiante, j'arrivai sur le tournage avec l'idée de me faire le plus discret possible les premiers jours. Effectivement, il avait vraiment mauvais caractère, aboyant sans arrêt après tout le monde, d'humeur maussade en permanence et renfermé sur lui-même. Il fallait mieux se tenir à distance. Pour une fois, l'isolement qui caractérise mon poste me servait bien. On ne se disait même pas bonjour. Je m'aperçus rapidement que le chef opérateur était lui aussi toute une personnalité. Il s'agissait de Michael Epp, célèbre pour sa direction photo sur les films d'époque.

À l'inverse de son compatriote réalisateur, il était très gentil, mais avait lui aussi des exigences. La plus étrange était qu'il ne voulait personne à côté de la caméra lorsqu'il cadrait. Son premier assistant était donc contraint à faire le point loin de l'appareil de prises de vue à l'aide d'une télécommande. Je me demandais comment j'allais prendre des photos, étant toujours loin de l'axe de la caméra. Vers la fin de la première semaine de tournage, je lunchai avec Michael. Au retour sur le plateau, il m'invita à venir prendre mes photos à côté de lui. J'hésitai, pensant que c'était un piège, ou un coup monté avec l'irascible réalisateur, une conspiration germanique. Il n'en fut rien. Michael Epp se montra très attentionné, me donnant beaucoup de bons conseils. Nous étions donc tous les deux seuls au milieu du plateau, sous l'œil noir du premier assistant-caméra relégué aux frontières de l'espace de jeu. Un matin, n'ayant pu prendre de photos en raison du manque d'espace, je dus demander aux comédiens de poser. Mais j'hésitai, craignant de subir les foudres du réalisateur. J'en parlai donc à Michael, que je savais mon allié, étant presque devenu sa mascotte. «Pas de problème», me dit-il avec son accent allemand. Et aussitôt la scène terminée, il arrêta le plateau, disant que j'avais besoin de prendre des photos. Detlef ne dit rien. Je demandai donc aux comédiens de poser, mais Michael me demanda d'attendre, car il souhaitait éclairer à nouveau la scène pour mes photos. Je n'en demandais pas tant, et j'étais un peu inquiet de prendre autant de temps pour mes images. Dans le silence général, je pris mes photos, revenu 70 ans en arrière lorsqu'on refaisait systématiquement les scènes pour le photographe. C'était décidément un drôle de tournage, le plateau ayant pu servir de base à un scénario de Terry Gilliam.

En plus du binôme germanique réalisateur-directeur photo, se trouvaient les acteurs Marianne Sägebrecht et Gérard Klein, deux caractères diamétralement opposés. Gérard Klein passait son temps à plaisanter, prenant à la blague toutes les sautes d'humeur du réalisateur. Marianne, très sympathique mais introvertie, semblait vivre dans un monde à part, un peu ésotérique, dans une galaxie très éloignée de la Terre. Entre deux scènes, elle me demanda de venir la voir à l'écart du plateau. Elle me dit de m'asseoir à ses côtés, me prit la main et sans un mot y déposa une petite pierre ronde. Elle me regarda longuement avec un sourire, puis me dit: «Voilà.» Ce fut tout. Je repartis avec ma roche sans trop savoir à quoi elle servait. Durant tout le reste du tournage, elle me lança des coups d'œil complices, auxquels je répondais par un sourire gêné.

ci-contre
Marianne Sägebrecht
Une femme sur mesure, 1997.

ci-contre
Ismaïla Meite , Jean Rochefort
Tombés du ciel, 1993.
Je devais retrouver 25 ans plus tard
le réalisateur, Philippe Lioret, à Montréal
sur *Un garçon...*

à droite
Costa Gavras, 1990.
Photographe photographié...

Je compris ainsi rapidement que le cinéma était un monde bien particulier, peuplé de personnages étranges, et que la fiction se trouvait aussi souvent derrière la caméra. Isolé sur le plateau, j'avais tout le loisir d'observer sans jamais être aux avant-postes. Je découvrais que cet univers conférait des pouvoirs parfois démesurés à des individus qui en abusaient.

J'eus ainsi l'occasion de travailler avec des réalisateurs foncièrement méchants, intolérants et colériques, qui abusaient de leur pouvoir pour se comporter parfois de manière abjecte. Le cinéma est un milieu anxiogène, très révélateur de la personnalité profonde des individus. Subissant quotidiennement une très forte pression, les réalisateurs perdent le contact avec la réalité. Leur comportement sur le plateau serait impensable dans la vie de tous les jours. Violences, propos sexistes, humiliations, harcèlement, comportement de diva, certains metteurs en scène se croient parfois revenus au Moyen Âge. Mais il s'agit là heureusement d'une minorité, la plupart se montrant très respectueux et attentionnés, d'autant qu'au cinéma les routes ne sont pas parallèles, et sont souvent amenées à se recroiser.

Les tournages se succédant, je m'aperçus que je prenais mon travail de façon trop personnelle, ne parvenant pas à me détacher du côté «affectif» de la photographie. J'étais jeune, et n'avais ni le recul, ni l'expérience pour gérer le stress intense qui peut se dégager d'un plateau. Or, pour travailler correctement il faut un minimum de conditions. Si je n'ai pas l'espace pour me placer correctement près de la caméra, je ne peux tout simplement pas prendre de photos. Sur certains tournages, j'avais le sentiment d'être là en touriste, et qu'il me fallait me débrouiller coûte que coûte pour rapporter des images. En fin de journée, j'angoissais et regrettais de ne pas avoir pu prendre telle ou telle photo. Je me sentais coupable d'une situation dont je n'étais pas responsable. Je mis de nombreuses années à me séparer de ce sentiment qui grugeait mon énergie, et lorsqu'un jour je décidai de m'en libérer, je n'eus plus jamais de problèmes pour travailler.

Micro climat

—

Travailler au cinéma, c'est vivre par procuration toutes sortes d'émotions, plonger dans des univers que nous ne pourrions jamais connaître autrement. Nous menons une double vie très riche en rebondissements qui ferait passer celle de James Bond pour une plate et monotone journée de retraité.

Un jour de septembre, vers 7 h du matin, je me rendais au travail lorsqu'au détour d'une rue, je m'arrêtai net. Devant moi, une dizaine de corps jonchaient le sol, baignant dans leur sang. Visiblement, il s'agissait d'une fusillade ; des douilles de balles scintillaient dans la lumière du matin. La scène du crime était encore intacte, la police n'était pas arrivée, et plusieurs personnes regardaient les cadavres. Curieusement, je ne ressentais rien, j'étais comme étranger à ce qui m'entourait, détaché de cette violence. Une voiture arriva à toute allure. Deux policiers en descendirent et me demandèrent de reculer. Avec habitude, ils délimitèrent un périmètre de sécurité en déroulant un ruban jaune, puis demandèrent aux personnes présentes de se regrouper à des fins d'interrogatoire. Je me souviens que l'une d'elles refusa d'obtempérer et fut violemment maîtrisée par l'un des policiers. Son collègue avait sorti son arme au cas où les autres auraient eux aussi refusé d'obéir. Curieusement, ils ne s'aperçurent pas de ma présence et, discrètement, je quittai les lieux.

J'avais déjà oublié cet étrange tableau lorsque je fus pris dans le tourbillon d'une fête baroque du XVIIe siècle. Certainement un bal à thème puisque la cinquantaine de personnes présentes étaient toutes en costume d'époque. À l'écart, un orchestre, ses membres en tenue eux aussi, se chargeait de divertir l'assemblée. Les gens dansaient et riaient, des valets fendaient la foule les bras chargés de plateaux remplis de victuailles. À l'écart, j'aperçus un homme et une femme qui s'embrassaient, mais qui semblaient avoir tout de même bien dépassé le stade des préliminaires… Pudique, je fermai les yeux. Lorsque je les rouvris, je me retrouvai au petit matin sur le toit d'une tour du centre-ville. La vue à 360 degrés sur toute la ville était spectaculaire. Au loin, je distinguais le soleil qui se levait paresseusement sur la banlieue. Un bruit derrière moi attira mon attention. À peine eus-je le temps de me retourner que je vis deux personnes sauter dans le vide. En m'approchant du bord, je pus les voir flotter au cœur des immeubles, accrochés à leur parachute. Puis ce fut la guerre. Les milices rebelles avançaient groupées au cœur de l'hiver, kalachnikov en bandoulière. Elles venaient d'exécuter une dizaine de civils, femmes et enfants, et ne nourrissaient aucun remords. Les miliciens, le visage fermé, marchaient vers le prochain village pour poursuivre leur carnage. La nuit était tombée, et près de moi retentirent des tambours et des chants étranges. J'étais au cœur d'une cérémonie vaudou, où M. Samedi récitait d'incompréhensibles incantations. Les danseurs à demi nus étaient en transe et tournaient autour du feu. Ici, un homme égorgeait des poulets, là, une femme dansait avec des serpents et, tandis que le sol vibrait sous leurs pas, certains se roulaient par terre, possédés par les chants. Je fus alors soudainement intrigué par le silence qui s'était installé autour de moi. En me retournant, je découvris un homme et une femme face à face. Ils ne disaient mot. Un curieux monsieur barbu tournait autour d'eux en les encourageant. Mais à quoi au juste ?

Puis elle lui dit « je t'aime », et l'homme et la femme se retrouvèrent sous l'eau, enlacés. Ils descendaient serrés l'un contre l'autre dans les profondeurs de leur amour. Rien ne semblait pouvoir les séparer. Il m'était impossible de détacher mon regard de ces deux corps unis à jamais. Ils étaient la représentation du bonheur absolu, flottant dans la grâce et la poésie…

La durée d'un tournage est en général assez courte, une trentaine de jours en moyenne au Québec. Les longues heures de travail, les exigences élevées et la promiscuité se conjuguent bien souvent pour exacerber les comportements humains. Il n'est pas rare de se retrouver à une trentaine de personnes dans la cuisine d'un haut de triplex surchargée d'équipement. Tout le monde doit trouver sa place et faire son travail. L'atmosphère peut alors rapidement devenir assez lourde. C'est à chacun alors de trouver les ressources pour garder son calme et faire de son mieux. Les heures passant, le froid (ou le chaud) et la fatigue s'y mêlant, il faut tenir bon. Et comment ne pas perdre patience lorsque la tension se met de la partie ? Il y a de quoi être admiratif face à ces gens qui gardent en tout temps le contrôle de leurs émotions. Il est très rare sur un plateau d'assister à une altercation ; les voix se propagent à basse fréquence. Seul le réalisateur possède le droit à l'énervement. Aussi, pour ne pas flancher, il est presque obligatoire de recourir à ce que nous avons de plus précieux, notre humanité, garde-fou de tous les débordements. Ainsi, la solidarité et la confiance sont de mise pour ne pas abandonner. C'est ici que l'idée de la « famille du cinéma » prend tout son sens : il faut se « tenir serré ».

Le cinéma est une machine monstrueuse qui mobilise l'énergie de dizaines d'individus et qui peut devenir rapidement infernale. Néanmoins, au cœur de ce tumulte, on trouve toujours un certain recueillement, comme le dialogue intime entre le réalisateur et ses comédiens. Ce sont des moments précieux qui permettent aux acteurs de se rapprocher de leur personnage, et de faire partager au réalisateur leur vision d'une scène. Le metteur en scène propose, cherche, s'interroge, questionne. Il prend le temps de remettre ses comédiens sur les rails de leur personnage, dans le sens de l'histoire. Hors du plateau s'effectuent ces recherches silencieuses sur la justesse de l'interprétation. C'était le cas de Michel Monty sur *Une vie qui commence*. À l'écart de l'équipe, François Papineau, Julie Le Breton et Raymond Cloutier échangeaient avec le réalisateur. Autour d'eux, le vide, une zone protégée. Ce peut être un risque que d'approcher le cœur de ce cercle de confessions, qui sont pourtant de beaux moments où l'on ressent fortement la présence de la création. J'avais le sentiment de voir « un film dans le film » tant tout semblait organisé et théâtral. Michel Monty commença à proposer quelques pistes de jeu pour les personnages, s'attardant surtout sur leurs interactions. Autour de la table, chacun exposait son idée. Ce n'était pas une discussion à bâtons rompus, et la présence du silence apportait curieusement de la

p.28
Francis Ducharme
Chasse-Galerie, 2015.

ci-contre
**François Papineau, Julie
Le Breton, Michel Monty,
Raymond Cloutier**
Une vie qui commence, 2010.

ci-contre, haut
**Alexis Durant-Brault,
Laurence Lebœuf**
La petite reine, 2014.

ci-contre, bas
Nouvelle-France, 2004.

consistance à l'échange. Au fur et à mesure de la discussion, un sentiment commun s'installa. Michel, en bon réalisateur, laissa le temps à ses comédiens de s'entendre. Il leur servait plus de guide dans leurs réflexions qu'il ne leur imposait sa vision du jeu. Il avait affaire à des comédiens très expérimentés, curieux et intelligents. C'était ici que naissait lentement le ton du film, le lien entre les personnages, leur crédibilité. Le plateau s'installait dans un bruit diffus et lointain. Après une bonne vingtaine de minutes, chacun alla prendre sa place, au faîte de son personnage.

Lors des tous premiers jours de tournage de *C.R.A.Z.Y.*, l'équipe se préparait pour les scènes de party de Noël. Une grosse commande pour un début. Une douzaine de comédiens, une bonne dizaine de figurants, une quarantaine de techniciens, des rails pour un travelling, beaucoup de spots, du stress, de la tension, le tout dans un petit salon. Bref, la recette parfaite pour une grande scène de cinéma… ou une terrible catastrophe !

En raison du manque d'espace dans ce petit bungalow, c'était un peu chacun pour soi. Les premiers jours de tournage sont comme ça, on prend ses marques, et personne ne veut faire d'erreur. On cherche à marquer sa place. Ce sont des journées de négociations silencieuses, où tout le monde fait sa part de compromis.

Pour filmer la scène, un long travelling avait été installé le long du mur du salon. Les rails étaient presque collés à la cloison. Plaqué littéralement contre le mur, je ne pouvais pas bouger. Le *dolly* sur lequel étaient montés la caméra et le directeur photo, Pierre Mignot, me frôlait à chaque passage. Mais j'étais décidé à ne pas manquer la scène. Une fois tout en place, la musique commença… Jean-Marc Vallée tourne souvent avec la musique en fond sonore, ce qui est peu fréquent au cinéma. Sergio Leone le faisait avec la musique d'Ennio Morricone. Il est rare de ressentir autant d'émotion sur un plateau que lors de ces moments-là. C'est organique, comme si l'on faisait partie de la pellicule. Alors que Michel Côté commença à danser et à chanter Aznavour, il me fut difficile de retenir quelques larmes.

Lors de la scène où Zac (Marc-André Grondin) lance son verre de vin au visage de son frère Raymond (Pierre-Luc Brillant), après plusieurs plans larges, Jean-Marc Vallée décida de tourner un plan serré sur Marc-André. C'était un gros plan, et il lui demanda

ci-contre
C.R.A.Z.Y., 2005.

de ne pas jeter le vin étant donné qu'il couperait avant la fin de la séquence. C'était l'occasion pour moi de faire une bonne photo, n'ayant pas eu encore la chance de bien couvrir la scène. J'allai donc me placer directement dans l'axe de Marc-André, la caméra étant légèrement de côté. J'occupais ainsi la place de Pierre-Luc, hors cadre.

Le moteur fut lancé et, l'œil collé à ma caméra, je commençai à prendre des photos quand, soudain, Jean-Marc lança : « Pitche le vin, Marc-André ! » Ce dernier marqua un temps, car il n'avait aucune autre solution que de me l'envoyer directement au visage… « Pitche le vin ! » s'énerva Jean-Marc. Je baissai ma caméra et lus dans le regard de Marc-André la plus immense des détresses. Je me dis que ce n'était pas possible, qu'on allait couper le moteur… Erreur, on ne désobéit pas à son réalisateur ! Résigné, j'accueillis le verre de vin en fermant les yeux. Marc-André eut la gentillesse d'essayer de lancer sa coupe sur mon pantalon plutôt qu'au visage. Aussitôt la prise terminée, il se précipita vers moi pour se confondre en excuses. J'en fus quitte pour une belle teinture au jus de raisin. L'histoire me fait aujourd'hui sourire même si, à l'époque, je me souviens d'avoir été un peu fâché. Mais j'appris ce jour-là à me méfier de ce qu'on annonce avant de tourner, car c'est aussi souvent de la fiction !

Une neige épaisse et collante, de celle dont on a du mal à se débarrasser, recouvrait une partie de la rue Ontario. Mais le plus étonnant, c'était qu'il faisait chaud et que nous étions au mois de mai. Les anciens se souviennent certainement des tempêtes de neige tardives mais, ce soir-là, le printemps était bel et bien installé. Nous tournions la scène où Zac rentre chez lui sous une terrible tempête de neige. Une partie de la rue avait été fermée pour l'occasion, et le département artistique avait commencé en après-midi à la recouvrir de neige. Rapidement, le décor devint irréel. Des résidents curieux étaient à leur fenêtre, désabusés par ce retour précoce de l'hiver. Il fallut plusieurs heures pour recouvrir la rue. Avec l'arrivée d'énormes ventilateurs sur le plateau, on se sentait vraiment au cinéma. Toute l'équipe était habillée en conséquence, surtout pour faire face aux bourrasques de neige synthétique qui collait aux vêtements. Toute la nuit, le pauvre Marc-André affronta les assauts de la tempête qui lui arrivaient en plein visage. Le résultat était parfait, et il est bien difficile à l'écran de savoir que la scène fut tournée par une belle soirée de mai.

Jean-Marc Vallée a décidément le don de créer pour chacune des scènes qu'il tourne des atmosphères très particulières. Les scènes d'aéroport sont souvent tournées la nuit pour des raisons de disponibilité de l'endroit. Au début de *Café de Flore*, avec en fond sonore *Speak to Me* de Pink Floyd, le personnage interprété par Kevin Parent marche de dos dans le hall d'un aéroport. Face à lui arrive une foule de jeunes trisomiques qui le croisent. Ces derniers étaient accompagnés de leurs parents qui s'étaient placés à l'arrière pour leur faire signe de façon à ce qu'ils ne regardent pas la caméra. Les figurants prenaient très au sérieux ce qu'ils avaient à faire, et on sentait chez eux beaucoup de fierté de participer au film. C'était très émouvant de les voir aussi concentrés, heureux d'être là. Il devait être 23 h, l'aéroport était fermé et, comme souvent, Jean-Marc souhaitait tourner en musique. Ainsi, de gros haut-parleurs avaient été placés dans le hall. On répéta très peu la scène, la clé étant de rendre le passage des figurants le plus naturel possible. C'était par contre un plan très technique, surtout quant à la gestion de la netteté de l'image. Toute l'équipe était consciente de vivre un moment unique. La musique remplit le hall et la prise commença. C'était une scène exceptionnelle à laquelle tout le monde participait. C'était magique ! L'instant était chargé d'émotion, et les parents des figurants avaient les larmes aux yeux, comme nous tous d'ailleurs.

Sur les tournages, tout le monde se connaît. On se retrouve après un mois, un an, 10 ans, toujours avec le sourire. Certes, la famille peut être parfois un peu dysfonctionnelle, et sans cesse recomposée, mais il y a toujours beaucoup de plaisir à retrouver ses collègues pour un nouveau projet. Les émotions vécues sur les tournages sont un lien très fort, et il existe très peu d'inimitié dans le métier; c'est une œuvre profondément collective.

Une bonne partie du tournage des *Boys IV* avait lieu l'été en pleine forêt à Mastigouche. Toute l'équipe logeait dans les chalets d'une pourvoirie au bord d'un lac. Si les conditions de travail étaient difficiles en raison de la chaleur et des insectes, il régnait une très bonne ambiance au sein de l'équipe. C'est souvent le cas lorsque le tournage se déroule loin de Montréal. Personne n'a le stress du retour à la maison après 13 heures passées à travailler; on vit un peu hors du temps. Le tournage suivait de peu celui de *C.R.A.Z.Y.*, et nous étions plusieurs techniciens à nous retrouver après cette intense et marquante expérience. Le soir, chacun se détendait dans son chalet

ci-contre
Café de Flore, 2011.

et organisait une petite fête. On pouvait passer de l'un à l'autre pour discuter, danser ou chanter. Le tournage de *C.R.A.Z.Y.* s'était achevé en mai et nous étions en août. Tous ceux qui y avaient participé savaient que ce n'était pas un film comme les autres. C'est ainsi que nous nous sommes retrouvés cinq ou six à partager nos souvenirs encore tout frais. Puis, comme sur le plateau, la musique démarra : Charles Aznavour était de retour. Nous nous mîmes à chanter tous ensemble, entamant en chœur le refrain de *Emmenez-moi* et, surtout, de *Space Oddity* que nous faisions tourner en boucle. Nos voix résonnaient sur le lac, et nous fûmes bientôt rejoints par la plupart des membres de l'équipe. Une véritable communion.

Ces moments de détente nous permettaient de nous reposer des épuisantes journées à tourner dans le bois. Le tournage des *Boys IV* se déroulait en grande partie dans la forêt, où les Boys se perdent pendant plusieurs jours. En ce mois d'août 2004, la chaleur était intense. Si le décor était spectaculaire, la dimension des insectes présents l'était tout autant. Chaque jour, une horde de bêtes quasi préhistoriques se régalait de ce festin inespéré. Supporter la chaleur, c'est possible, mais combattre une armée mieux équipée et beaucoup plus entraînée relève de la gageure. Après l'échec de tous les insecticides connus, nous avions trouvé pour nous protéger du D-12, un produit qu'utilisait soi-disant l'armée dans les conditions extrêmes. Rien de bien rassurant pour l'organisme, mais terriblement efficace.

Chacun faisait de son mieux pour ne pas succomber aux morsures en tout genre. Les pauvres comédiens étaient des mets savoureux, d'autant plus qu'ils n'avaient guère le choix de leur costume de jeu pour se protéger. Et difficile pour eux de chasser les moustiques pendant une prise… L'une des scènes se déroulait au cœur d'un grand marécage, Taj Mahal de tous les moustiques de l'univers, dans lequel Luc Guérin, affublé de *pads* de gardien de but se retrouvait perdu. Le thermomètre approchait les 40 degrés et Luc, prisonnier du marécage, devait attendre de l'aide. Les équipes costumes et maquillage avaient fait de leur mieux pour le protéger, mais la scène tardait à s'installer. Il manquait toujours quelque chose pour lancer le moteur. C'était un plan large et Luc attendait seul, les pieds dans l'eau, accroché à une souche d'arbre en décomposition. Il était une offrande à «Frapabor», dieu québécois des insectes carnivores. Impossible de le secourir avant la fin du plan, et il commençait sérieusement à trouver le temps long…! Mais il ne se plaignait pas, tout dédié qu'il était au cinéma. Tout le monde sur le plateau admirait son courage. Comme souvent lorsqu'on annonce sur un plateau que la scène va se tourner vite, chacun sait que ça va être long; un classique au cinéma. On tourne un plan large, puis on se dit qu'un plan serré en plus serait bien aussi. Mais entre-temps, il faut effectuer des retouches de maquillage. Juste avant de lancer le moteur, on ajoute un filtre à la caméra, puis on la déplace finalement parce que le soleil n'est plus à la même place… Le pauvre Luc est bien resté une heure au cœur de cet enfer à crier au secours. À n'en pas douter, ses appels à l'aide durant la scène étaient vraiment sincères!

Après leur parcours épique en forêt, les Boys ont la chance de pouvoir jouer un match contre les légendes de la LNH. Le tournage avait lieu sur deux jours à l'aréna de Verdun, pleine à craquer pour l'occasion. Le public était venu en grand nombre pour voir s'affronter les légendes du grand écran et du hockey. Dans l'équipe, l'attente était grande, et nous étions un peu fébriles à l'idée de rencontrer nos idoles: Guy Lafleur, Martin Brodeur, Steve Shutt, Mike Bossy… Sur la glace, au moment des changements de scène, les comédiens venaient me demander une photo avec leur joueur préféré. Réal Béland avec Raymond Bourque, Marc Messier avec Guy Lafleur: l'ambiance était très détendue. Michel Charrette, lui, ne se contenta pas d'un joueur, mais alla poser en plein match avec tout le groupe!

Outre les scènes sur la glace, nous tournions en après-midi de petites séquences où chaque légende échangeait avec un des Boys dans le vestiaire. Des moments savoureux où les comédiens s'amusent naïvement avec leurs idoles, comme Méo (Pierre Lebeau) qui offre une cigarette à Steve Shutt, qui lui répond: «*Give it to Lafleur!*» Ou Bob (Marc Messier) qui propose à Guy Lafleur de faire un film sur sa vie. Tous les Boys étaient très fébriles au moment de leur tête-à-tête avec les champions, et il fallut plusieurs prises à chacun pour trouver le ton juste.

Après quelques heures de tournage, je profitai d'un long changement de scène pour prendre quelques photos de promotion avec les joueurs. Je demandai alors à Mike Bossy s'il était content de sa journée. Il me répondit qu'il avait trouvé ça difficile au début, étant angoissé à l'idée de rencontrer les Boys en chair et en os…

à gauche, haut
La fausse neige, rue Ontario
C.R.A.Z.Y., 2005.

à gauche, bas
Michel Charette
Les Boys IV, 2005.

ci-contre
Luc Guérin
Les Boys IV, 2005.

Le lendemain, à l'heure du lunch, le producteur Richard Goudreau autorisa l'équipe à aller patiner. C'était l'occasion de se détendre un peu. Alors que chacun échangeait quelques passes, les Légendes revinrent sur la glace plus tôt que prévu. Le sourire aux lèvres et avec beaucoup de gentillesse, ils se mirent à jouer avec nous. C'était incroyable de pouvoir patiner avec eux et, pour beaucoup parmi nous, un rêve d'enfant. Comme pour Jean-François, l'assistant-caméra, qui déjoua Martin Brodeur d'une superbe feinte.

Si pour certains réalisateurs la nervosité et l'intransigeance sont de mise, d'autres se drapent à l'extrême dans l'isolement. Pour tourner une scène, il est nécessaire de bien la préparer, en s'immergeant dans le décor avec ses acteurs, les faire répéter pour trouver la bonne dynamique. Il arrive alors, pour certaines scènes plus difficiles, que des réalisateurs demandent à rester seul un moment avec les acteurs, à l'abri des regards. Le premier assistant annonce alors à tous un « blocking privé ». Il s'agit pour le metteur en scène de s'isoler avec les comédiens dans le décor, où la scripte et le directeur photo sont parfois invités. L'équipe, elle, est gentiment priée de quitter le plateau. Le réalisateur cherche avec ses comédiens la bonne chorégraphie de la scène, le ton juste. Ce sont des moments très particuliers, intimes et secrets.

Commencent alors pour tous les techniciens de longs moments d'attente, et pour la machine à café, une période d'intense activité… Le silence absolu aux alentours du plateau est requis. Gare à celui qui parlerait trop fort, les assistants de production qui montent la garde sont là pour le rappeler à l'ordre. Après deux, voire trois cafés, il faut trouver de quoi s'occuper. Des groupes se forment, ça jase, certains lisent, d'autres dorment. Un blocking privé par jour, c'est correct ; deux, c'est long ; à chaque scène, cela peut devenir interminable. Car l'équipe est un groupe actif, sans cesse sur la brèche, concernée par ce qui se passe sur le plateau. Lorsqu'on tient les techniciens à l'écart, ils perdent leur raison d'être, se sentent démunis. Il arrive que lorsque la porte s'ouvre, et que l'équipe est enfin invitée à savoir comment se tournera la scène, qu'on ne sache pas toujours à quoi a vraiment servi cet isolement artistique. Une fois la mise en scène expliquée, il faut de longues minutes, — parfois une heure —, pour préparer le plateau. Le doute a alors eu le temps de s'installer dans l'esprit du réalisateur qui, lorsqu'on est prêts à tourner, change complètement le plan initial. Mais une équipe de cinéma est un groupe résilient qui s'adapte, et c'est toujours avec application et abnégation que chacun s'attèle à la tâche.

Il faut rester indulgent, car le cinéma n'est pas un art comme les autres. C'est un projet collégial risqué qui demande une gestion parfaite des processus artistiques et techniques. Pour le réalisateur, c'est une centaine de questions par jour auxquelles il doit répondre. Comme me le confia justement Jean-Marc Vallée, «le cinéma, c'est avant tout l'art du compromis»…

Il arrive parfois qu'on demande aux techniciens de participer à l'action et, la plupart du temps, c'est l'accessoiriste qui est désigné. Pas qu'il soit le meilleur acteur de l'équipe, mais parce qu'il y a souvent des manipulations d'accessoires en gros plan. On lui enfile alors la même chemise que le comédien, et le tour est joué. Il est amusant lorsqu'on voit le film de reconnaître ses collègues. Sur *Café de Flore*, le problème était plus complexe. Il s'agissait de la scène où le personnage d'Hélène Florent vient rencontrer la médium, jouée par Emmanuelle Beaugrand-Champagne. C'est lors de cette scène qu'Hélène comprend la réincarnation. Pour souligner son émotion, Jean-Marc Vallée souhaitait faire un gros plan de son bras parcouru par un frisson. Mais, problème : la «chair de poule» sur le bras d'Hélène n'était pas assez visible, cinématographiquement pourrait-on dire. On procéda alors dans l'équipe à un rapide casting d'avant-bras… J'aurais bien aimé faire une apparition à l'écran, mais j'étais bien trop poilu pour m'approcher de la douceur du bras d'Hélène. Ce fut finalement Marc, l'assistant-caméra, qui fut choisi. Sa peau réagissait parfaitement. On lui mit sur le dos le chandail de la comédienne et, ni vu ni connu, il frissonna comme un pro.

Le cinéma est un milieu conservateur et, dans un pays aussi traditionnel que la France, les traditions ont la vie dure. L'une des plus solides habitudes est certainement celle des «pots de tournage». À chaque département de proposer un petit verre au reste de l'équipe en fin de journée. Mais il s'agit rarement d'une petite bière à l'arrière d'un camion, et plutôt d'un party bien organisé. Chaque département rivalise avec les autres pour que son «pot» soit le plus mémorable. Les comédiens n'échappent pas à la tradition et, en général, «frappent fort» : traiteur, grands crus classés ; on est

ci-contre
**Jean-Marc Vallée,
Marin Gerrier , Vanessa Paradis**
Café de Flore, 2011.

p.47
Vanessa Paradis, Marin Gerrier
Café de Flore, 2011.

loin du petit verre de l'amitié. En chemin vers la France pour *Café de Flore*, je me demandai si cette habitude perdurait. J'en eus rapidement la confirmation, avec, dès le quatrième jour de tournage, le «pot de la régie». Nous tournions à Paris dans une école primaire fermée pour les vacances. La régie est chargée de l'organisation du tournage, de sa logistique. Dès le milieu de l'après-midi, on sentit sur le plateau qu'il se passait quelque chose. Et en effet! À la fin de la journée, sous le préau de l'école avaient été installées de longues tables recouvertes de nappes de couleur. Tous les assistants de production étaient de la partie et chacun avait une spécialité. Mojito, margarita, rhum, plus une grande variété de délicieux amuse-gueules. Ils avaient effectivement frappé fort et, lorsque la musique commença, la fête prit son envol. Vers la fin du tournage, nous étions en studio, et il fut annoncé à l'équipe que le pot de Vanessa Paradis aurait lieu en fin de journée. Au cours de l'après-midi, la scène que nous tournions fut perturbée par le bip-bip d'un camion qui reculait dans le studio. Il s'agissait du traiteur venu préparer la fête… Le buffet était délicieux, mais moins que le party qui lui succéda, où Vanessa vint danser avec l'équipe sur la bande-son qu'elle avait préparée pour l'occasion. Si traditionnels soient-ils, les pots de tournage offrent à l'équipe de beaux moments de décompression, des bols d'air (et de rhum) qui renforcent l'esprit de troupe. Aujourd'hui, avec le rythme de tournage qui s'accélère de plus en plus, beaucoup de ces petites traditions disparaissent, rendant parfois le travail plus mécanique.

J'aime chercher des images différentes de celles tournées, des photos qui donneraient envie d'aller voir le film au cinéma. Le langage cinématographique est souvent loin de celui de la photographie, qui est figée et muette. Une très belle scène de cinéma n'a pas toujours le même rendu en photo. Il faut donc trouver un angle ou un cadrage différent pour retrouver la même émotion sur la photo. Dans un film, la caméra peut suivre un personnage qui marche dans une rue et nous donner des frissons. La musique, l'expression du comédien, le choix du cadrage sont autant d'éléments qui se marient pour créer une émotion; c'est un tout. Une simple photo de ce type de scène ne rendrait pas justice à se qui se dégage de ce moment. À la fin d'une journée sur le tournage de *Café de Flore*, Jean-Marc Vallée regarda mes images et m'avoua s'en vouloir de ne pas avoir pensé à tourner certaines scènes avec le cadrage que j'avais choisi. Je lui expliquai que s'il l'avait fait, les scènes n'auraient pas du tout eu le même impact, et qu'il me fallait trouver un moyen d'exprimer par la photo ce qu'il

racontait avec sa caméra ; que, bien souvent, je n'avais pas le choix tant sa façon de tourner était proche de son histoire. Il me fallait sortir du langage cinématographique pour dire la même chose avec le mien. Ce que je retenais surtout de notre discussion, c'est que Jean-Marc ne s'était pas senti trahi, et que j'avais réussi par mon travail à lui donner le goût d'aller voir son film. Je repensais à ce qu'on m'avait raconté de la relation de Steven Spielberg et de son photographe de plateau, David James. Après chaque journée de tournage, Spielberg demandait à voir les photos de la journée. Pas pour se rassurer, mais parce que ça lui donnait instantanément une idée de ce qu'allait ressentir le public. La photographie, par sa fixité, a ce pouvoir de nous faire croire que ce que l'on voit est vrai. Elle est ici, la clé de la photographie de plateau : être capable de porter un regard personnel sur une histoire tout en lui restant fidèle.

Dix ans avant *Café de Flore*, nous étions une équipe d'une dizaine de Québécois à avoir fait le voyage à Paris pour *Nouvelle-France*. Sur les tournages français, au lunch, pas question d'aller faire la file pour se servir ; on est servis à table. Mais en ce premier jour de tournage européen, l'équipe française était en colère : il n'y avait pas de vin sur la table ! Encore une autre tradition, bien française celle-là, héritage des années 50. Stupéfaits, les techniciens demandèrent la raison d'un tel oubli. Le cuistot leur répondit que c'était une demande du producteur québécois, qui avait exigé qu'il n'y ait pas d'alcool le midi. Après tout, il n'avait pas tout à fait tort, nous étions sous contrat du syndicat québécois, et l'alcool est strictement interdit sur les plateaux. Mais pour les techniciens français, il était hors de question de dîner sans un petit verre de vin. La colère montait, on frôlait l'incident diplomatique, et le directeur de production français se décida à intervenir. Il expliqua à son homologue québécois que ses troupes défendaient elles aussi un droit syndical, que le vin au lunch avait toujours existé !

Face à la fronde populaire, le producteur québécois n'eut d'autre choix que d'accepter le retour des bouteilles, à la grande joie des techniciens des deux pays !

Au début du tournage de *Nouvelle-France*, nous tournions la scène de la veillée funèbre du personnage de Maillard, interprété par Sébastien Huberdeau. C'était une scène visuellement très forte, assez complexe et mise en scène comme un tableau. Il y avait de la tension ce jour-là, et Jean Beaudin, le réalisateur, avait plus de pression que d'habitude. Le plan était fixe, et Sébastien Huberdeau devait rester un bon moment allongé à faire le mort. Le problème, c'est qu'il ne l'était pas, alors il essayait de contrôler au maximum sa respiration pour que cela ne paraisse pas à l'image. Sébastien faisait un trépassé tout à fait convenable mais, en étant au premier plan, on sentait qu'il ressuscitait… Cela ne plaisait pas à Jean Beaudin, qui lui demanda de faire un petit effort.

« Je fais ce que je peux ! » avança Sébastien. « Mais calvaire ! Quand t'es mort, t'es mort ! » lui répondit Jean. « J'ai pas l'habitude, c'est la première fois que je meurs ! » La discussion était bien vivante, elle. Après un silence de quelques minutes qui permit aux esprits de se calmer, nous pûmes constater le décès et tourner la scène.

Le film avait été très agréable à tourner, notamment la partie européenne où j'eus la chance, avec une dizaine de mes collègues, de faire partie du voyage. Nous tournions dans plusieurs châteaux en France et en Angleterre. Les décors étaient somptueux et nous donnaient accès à des demeures impossibles à visiter en temps normal. À l'instar de ce magnifique château anglais du XVIe siècle, propriété d'une des grandes fortunes du Royaume-Uni. Entre deux scènes, je profitai de l'occasion pour le visiter. La collection d'art était stupéfiante, avec de nombreux tableaux de maîtres. Au détour d'une salle, je m'arrêtai longuement devant une petite peinture, esseulée sur un grand mur. Il s'agissait d'un Rembrandt qui, l'espace d'un instant, sembla m'appartenir.

Quelques jours plus tard, nous étions à Londres pour les scènes de réunions de l'état-major anglais qui planifiait la bataille des plaines d'Abraham. L'action avait lieu dans la grande salle de l'amirauté britannique, un lieu à couper le souffle, chargé d'histoire, aux murs et aux plafonds peints des grandes batailles anglaises. Une trentaine de figurants en costume y levaient leur verre au futur succès de leur armée à Québec. Une fois la scène terminée, comédiens et figurants commencèrent à quitter la salle. Jean Beaudin, le réalisateur, s'apprêtait à préparer la scène suivante lorsqu'arriva le producteur, Richard Goudreau. Il était en retard, retenu par une réunion. Richard était fâché d'avoir manqué la scène des généraux, car il souhaitait en garder un souvenir personnel. Devant l'équipe et le réalisateur incrédules, il fit revenir dans la salle l'ensemble des personnages pour que je prenne une photo de lui, en train de lever son verre avec l'état-major anglais. Après tout, il n'avait pas tort, l'occasion ne se représenterait certainement jamais!

Des fastes de l'Empire britannique, je me retrouvai avec *5150, rue des Ormes*, dans les bas-fonds de l'âme humaine. Il arrive que la frontière avec la réalité soit ténue, même si ce que nous avons à filmer est tout à fait improbable. La maison dans laquelle le personnage interprété par Normand D'Amour séquestre et torture celui de Marc-André Grondin avait été entièrement reconstituée en studio. Un magnifique travail de David Pelletier, le directeur artistique. Nous avions vraiment le sentiment d'être plongés au cœur de l'univers sombre et saignant de Patrick Senécal. Très vite, à force de tourner dans cette petite pièce où est retenu Marc-André, nous nous sentions à l'étroit et mal à l'aise. Surtout à la fin du film, où il est attaché seul au sous-sol de la

ci-contre
Marc-André Grondin
5150 rue des Ormes, 2009.

à droite, haut
Nouvelle-France, 2004.

à gauche, bas
Richard Goudreau
Nouvelle-France, 2004.

maison au milieu des cadavres momifiés. Le décor était si réaliste que notre sang se glaça lorsque nous pénétrions dans le décor. Attaché à sa chaise, en sang, Marc-André attendait. Il régnait un silence de plomb sur le plateau de tournage et, bien que je pense que la scène ne fut pas très longue, elle sembla durer une éternité. Tout au long de la prise, l'équipe n'avait qu'une envie : aller libérer le pauvre Marc-André. Je repensai alors au verre de vin que Marc-André avait été obligé de me lancer sur *C.R.A.Z.Y.* Entre deux plans, alors que la caméra s'installait, je vins le voir, ligoté et en sang au milieu des cadavres. Me penchant vers lui, je lui rappelai l'épisode du verre et lui dis de ne pas compter sur moi pour le détacher.

Un an auparavant, sur *Le banquet*, réalisé par Sébastien Rose, j'avais eu beaucoup de difficultés au début du tournage à prendre de bonnes images. Toutes les scènes étaient tournées caméra à l'épaule, avec beaucoup de dialogues, et la caméra elle-même était l'un des personnages du film. Les photos que je prenais ne faisaient ressortir en rien ni l'histoire ni l'atmosphère du film. Ce n'était vraiment pas bon, et je me demandais comment m'en sortir. J'avais beau chercher de nouveaux angles de prises de vue, différents cadrages, il ne se passait rien dans mes images. Je me souviens que Pierre Even, le producteur, m'avait appelé pour me demander ce qu'il se passait. Je lui expliquai que la caméra ne se contentait pas que de filmer une scène, mais qu'elle était partie prenante de celle-ci. C'est pour cette raison qu'il est parfois nécessaire de mettre en scène des images pour rendre les photos du film plus attrayantes, comme la célèbre image d'*À bout de souffle* de Godard où l'on voit Belmondo marcher à côté de Jean Seberg. Une photo mythique pour laquelle le photographe Raymond Cauchetier avait demandé aux comédiens de le suivre loin de la foule, en bas des Champs-Élysées. Il y avait déjà là cette recherche de la photo qui prend ses distances avec le langage du cinéma. Je pus heureusement me rattraper par la suite avec les scènes de manifestations, en retrouvant la possibilité d'aller « chercher » des images différentes, car je disposais alors de plus d'angles de prises de vue pour m'exprimer et d'une action dont la caméra n'était plus le personnage, mais le témoin.

ci-contre
Frédéric Pierre
Le Banquet, 2008.

Tourner un film d'époque est toujours agréable. C'est chaque fois un dépaysement. *Un été sans point ni coup sûr* me donna une nouvelle occasion de voyager dans le temps. Ajoutez à cela un réalisateur (Francis Leclerc) qui aime les plans graphiques, un excellent directeur photo (Steve Asselin), et comme photographe, il ne me restait plus grand-chose à faire.

Un soir où l'équipe s'installait un peu plus loin sur le terrain de baseball, j'aperçus le jeune comédien Pier-Luc Funk qui attendait seul sur le côté. Le décor me semblait parfait pour une photo de promotion, où tous les éléments qui résumaient le film se trouvaient devant moi. Il me suffisait de les assembler. Le grillage, notamment, qui s'interpose entre le personnage et son rêve, qui est de jouer au baseball, mais aussi la lumière de la nuit qui arrive et le public de ces rencontres sportives qu'on aperçoit dans les parcs.

Je me saisis du vélo de Pier-Luc et lui demandai de regarder le terrain en pensant au vide... Je pris la photo rapidement. C'est une image qui n'est pas dans le film, une photo « montée », mais qui parle beaucoup. Elle reflétait bien l'histoire de ce garçon. Elle plut au producteur et au distributeur, et servit à faire l'affiche.

Elephant Song, de Charles Binamé, est un huis clos adapté de la pièce éponyme écrite par Nicolas Billon. C'est un dialogue intime entre un psychiatre (Bruce Greenwood) et son patient (Xavier Dolan). Pour donner du dynamisme aux longs échanges entre les personnages, Charles Binamé avait choisi de commencer à tourner chaque scène dans son intégralité, donnant ainsi aux comédiens la possibilité d'être totalement immergés dans le dialogue. La scène était par la suite complétée par des plans de coupe. Pour tourner ces longues séquences, Pierre Gill, le directeur photo, avait monté sa caméra sur une tête automatisée qu'il commandait de l'extérieur du plateau. L'ensemble était monté sur le *dolly*, que se chargeait de déplacer le chef machiniste, David Dinel. D'habitude, autour de la caméra se trouvent le directeur photo qui cadre et le premier assistant-caméra qui se charge de faire le point. Je me place le plus souvent à leurs côtés pour prendre les photos. Mais sur le film, Pierre Gill actionnait la caméra en dehors du plateau et Boris, le premier assistant-caméra, faisait son point avec une télécommande. Je me retrouvais donc orphelin, seul à côté de la caméra. Sur des scènes de ce type, très intimes, j'utilise souvent les personnes de la caméra comme écran pour me cacher des comédiens. Mais c'était ici impossible. Je suivais donc les mouvements du *dolly* en compagnie de David. C'était la première fois que je me retrouvais ainsi seul face aux comédiens pendant une scène. Les dialogues étaient intenses, et les plans duraient souvent plusieurs minutes. Charles Binamé ne coupait pas avant la fin. C'était un étrange ballet que je menais pour prendre mes photos, la caméra désertée bougeant à mes côtés. Cette technique de tournage était brillante ! Elle donnait aux comédiens une grande liberté de jeu, comme s'ils étaient au théâtre. L'exercice restait très technique, car ils devaient effectuer leurs déplacements au millimètre, et respecter scrupuleusement leurs marques d'arrêt sinon ils étaient flous ! C'était assez étrange de se retrouver ainsi seul avec les acteurs pendant la prise. Mais Bruce Greenwood était un gentleman, et Xavier, un grand professionnel. Ils étaient si concentrés qu'ils ne portaient pas attention à moi.

Il faisait si froid sur le tournage de *Il était une fois les Boys*, qu'on ne pouvait se reconnaître qu'à la couleur de nos tuques. Certaines scènes étaient tournées sur un lac gelé et, avec le vent et l'humidité, la température semblait indiquer six chiffres en négatif… Mais si l'équipe pouvait se protéger, ce n'était hélas ! pas le cas des acteurs qui, dans leur tenue d'hiver des années 60, devaient jouer quasi à découvert. Nous étions au milieu du lac et il était impossible pour eux d'aller se réchauffer entre les prises. Le département costumes avait fait de son mieux pour les protéger avec des sous-vêtements en polaire, mais je souffrais pour eux à les voir avec leurs mitaines en laine et leur petite tuque sur la tête. C'était la fin de journée, et ils tournaient dehors depuis le matin. Ils étaient courageux d'être encore là et ne se plaignaient jamais, professionnels jusqu'au bout. Il restait une scène, mais impossible pour eux de jouer plus d'une minute à découvert. Chaque fois que la prise était finie, les habilleurs fonçaient vers les jeunes pour les envelopper de couvertures. Ils disparaissaient sous leurs abris de fortune pour quelques secondes, se serrant les uns contre les autres. Leurs souffrances furent heureusement abrégées par la nuit qui commençait à tomber, mettant fin à la journée de tournage.

De mémoire de technicien, ce fut l'un des tournages les plus froids. La température atteignit notamment des extrêmes lors de deux nuits passées près du fleuve à Québec. Il faisait -38 °C, et l'équipe passa plus de 10 heures dehors à tourner. Le froid était atroce ! C'était à se demander comment nous pouvions rester autant de temps

à gauche, haut
David-Alexandre Coiteux , Rhys Coiro
Snow and Ashes, 2011.

à gauche, bas
Pier-Luc Funk
Un été sans point ni coup sûr, 2008.

ci-contre
Xavier Dolan
Elephant song, 2015.

dehors. Dans l'équipe, chacun expliqua son secret pour garder un peu de chaleur. Mais il y eut tout de même ces nuits-là deux techniciens frappés d'hypothermie. Si j'étais surpris que ma caméra fonctionne, j'avais de la difficulté à prendre mes photos, car la caisse dans laquelle je la mets (mon «blimp») collait à mon visage. Je faisais donc mes photos à main levée, l'œil décollé du viseur. Pourtant, lors de ces nuits glaciales, personne ne se plaignit. Pour nous remonter le moral, nous nous disions que cela nous ferait un bon souvenir et que, dans quelques années, nous en rigolerions. Les années passent, et on n'en rigole toujours pas. On se répète que ce sera la dernière fois, qu'on n'acceptera plus de projet d'hiver en extérieur. On le promet, on le jure, on le crie, puis arrivent le début d'année et le manque de travail. Alors lorsque le téléphone sonne en janvier, il est difficile de refuser d'aller travailler…

Il était 3 h du matin une nuit d'hiver en pleine forêt par -31 °C. Je maudissais en silence Honoré Beaugrand et sa légende de *La chasse-galerie*. L'adaptation du conte par Jean-Philippe Duval était un vrai tournage d'hiver. Mais quelle idée avait-elle prise à Beaugrand de situer son histoire dans un camp de bois au mois de février ? Il y avait bien des arbres sous les tropiques, non ? Je repensais au tournage d'*Il était une fois les Boys* à Québec, que j'avais cru le point d'orgue de la résistance humaine au froid. Statue de glace, j'étais ici servi. Encore une fois, j'admirais les comédiens, résilients à l'extrême dans leur costume de bucheron du XIXe siècle. Entre les prises, ils ne couraient pas se réchauffer dans les tentes, mais restaient sur le plateau à plaisanter. La troupe, menée par le brillant Francis Ducharme, vivait pour de vrai la vie de ces hommes qui partaient chaque hiver couper du bois. Lors de la Première Guerre mondiale, on droguait certains soldats pour qu'ils ne ressentent pas la douleur. Ici, pour les acteurs, s'investir dans l'histoire et leur personnage agissait comme un anesthésiant. Sans se plaindre, ils enchaînaient les scènes, donnant à tous le courage de continuer. En ce mois de février le plus froid depuis 115 ans, le budget de chauffe-mains et pieds avoisinait les 5000 $ pour le tournage. Mais c'était là une denrée essentielle. Les scènes étaient criantes de vérité, même en intérieur dans la cabane du camp où, malgré quelques chauffages d'appoint, la température ne dépassait pas les -20 °C. Dominique, le premier assistant-caméra, avait inventé un ingénieux système de protection pour la caméra afin de la protéger du froid, plaçant notamment sur le moteur de la mise au point des chaufferettes pour qu'il ne gèle pas. Chacun ressentait une certaine fierté à passer au travers de cet éprouvant tournage.

Pour me consoler, j'avais des images spectaculaires qui ne mentaient pas mais, au fond de moi, je jurais, promettais et criais une nouvelle fois que ce serait mon dernier tournage d'hiver !

Si le cinéma nous confronte à bien des univers différents, il nous met parfois en présence de personnages célèbres. Pour les interpréter, et avec la vision du réalisateur, chaque comédien a sa façon de s'approprier son personnage. Jouer une figure historique est particulièrement difficile, l'acteur devant trouver le ton juste pour apporter au personnage quelque chose de soi sans le trahir. On raconte que Jacques Dutronc, qui interprétait Van Gogh dans le film de Maurice Pialat, avait demandé à ce qu'on ne le filme jamais en plan large lorsqu'il était en train de peindre, car il voyait cela comme un outrage au génie du peintre. Aussi, tout au long du film, on ne voit que des mains devant la toile. D'autres vont se plonger corps et âme dans leur personnage, comme Mickey Rourke qui a campé Bukowski dans *Barfly*, ou bien Jamie Foxx en Ray Charles.

Le film *Meetings with a Young Poet*, réalisé par Rudy Barichello, raconte l'histoire d'une amitié entre Samuel Beckett et un jeune auteur. De leurs multiples rencontres va naitre entre eux un respect mutuel et, surtout, une intime complicité, fruit de leur passion pour la littérature. C'est un très beau film, avec du «souffle», de l'émotion et beaucoup de poésie. Stephen McHattie interprétait Beckett. Au premier jour de tournage, en l'apercevant sur le plateau, je fus saisi par la ressemblance avec son personnage. Certes, on peut maquiller un comédien, lui poser des prothèses, des perruques, il ressemblera à qui on veut, mais ici Stephen McHattie était «devenu» Beckett. Il se déplaçait de la même façon et, surtout, se comportait comme lui, totalement plongé dans les abîmes d'un monde intérieur inaccessible. Il parlait très peu, et croiser son regard me semblait périlleux. J'eus la chance le premier jour de le photographier de dos… Il se tenait sur la digue face au fleuve à la tombée du jour. Il était dans son élément, devant toute la solitude de son personnage. À chacune de mes présences sur le tournage, pas de bonjour entre nous. Il arrivait sur le plateau en Beckett, en repartait en Beckett; le mimétisme était troublant. Il ne m'ignorait pas, mais était loin, très loin de toute réalité. Il me voyait travailler dur, essayant de capter son regard pour obtenir une bonne photo posée du personnage.

Un matin, avec la grâce d'un empereur, il se tourna vers moi et m'offrit pour quelques secondes son regard bleu d'acier. Je m'interrogeai toutefois sur un si grand mimétisme, car le comédien avait totalement disparu derrière son personnage. À la fin du tournage, nous tournâmes les scènes où Maria de Medeiros joue au théâtre le personnage de Beckett. Après avoir passé plusieurs semaines en compagnie du «vrai» Beckett, Maria apportait là une vision différente, personnelle du dramaturge, que je trouvais plus touchante. Elle s'était elle-même maquillée de façon très théâtrale, en forçant le trait. Avec elle, Beckett devenait plus humain, plus accessible, laissant ainsi à chacun le loisir de s'approprier le personnage.

p.61
Le bonheur de Pierre, 2009.

ci-contre
Stephen McHattie
Meetings with a Young Poet, 2013.

Du bon parlé...

En France, c'est bien connu, on parle un beau français avec plein de mots anglais.
Au Québec c'est le contraire. Sauf au cinéma où c'est un peu différent...
Comparatif.

Fait frette en maudit en ce début d'automne, et l'équipe est en tabarnak. La scène se passe dans une cour à scrap, les chars maganés servant de décor. En retard, le réal commence déjà à sacrer, ça va fesser dans l'dash... Pour arriver sur le set il faut d'abord passer la longue rangée de trailers, que garde avec fierté un P.A. Le crew call est fixé à 6 h, et déjà les grips s'affairent à descendre le dolly du camion avant que le blocking ne commence. Les stand in sont en place, pas loin de la beach d'où le gaffer surveille ses gars installer les spots. Certains traînent encore au craft, dégustant une bonne puck en guise de déjeuner. Le get together de la veille a néanmoins permis à chacun de mieux se connaître, et on aperçoit les gars du son demander avec le sourire au set P.A. où ils peuvent installer leur bogey. Alors qu'on lui apporte son café (un tout petit sucre et très peu de lait), le D.O.P. semble moins souriant, fâché visiblement de ne pas savoir si on commence par un travelling, ou si on pose le kodak sur le hyatt. Le réal lui confirmera le travelling après avoir checké son plan avec le view finder. Les grips ne traînent pas, certains ajustant en experts les rails à l'aide de wedges, d'autres blackant les fenêtres pour la prochaine scène. Dans le même temps on éclaire, et sur le set les props s'activent dans tous les sens. Aujourd'hui, on ne fera pas d'overtime comme la veille, le wrap étant prévu à 19 h. Les comédiens, Réjean et Pierrette sont prêts, on fait les derniers ajustements; un peu de dollyspray sur les rails, on rajoute un flag et un net, le D.O.P. est bien installé sur ses full, le moteur est demandé juste après que le premier assistant aitrangé son tape... Dernière scène avant le break de lunch. Au son, on est tendu; il leur faut faire plusieurs room tone, «juste après la window», leur lance le premier assistant. L'échange de regard est tendu, mais tout s'arrangera au wrap party, comme toujours.

...français

Un malicieux vent frais d'automne s'est levé, et l'équipe est de mauvaise humeur. La scène se passe dans une casse d'automobiles, les voitures détruites servant de décor. En retard, le metteur en scène commence déjà à jurer, ça va faire mal... Pour arriver sur le plateau il faut d'abord passer la longue rangée de caravanes, que garde avec fierté un petit jeune de la régie. L'appel est fixé à 6 h, et déjà les machinos s'affairent à descendre le dolly du camion avant que la répétition ne débute. Les doublures lumières sont en place, non loin des moniteurs d'où le chef électro surveille ses gars installer les projos. Certains traînent encore à la cantine, dégustant un bon sandwich en guise de petit-déjeuner. Le pot de tournage de la veille n'a pas fait trop de dégât semble t-il, et on aperçoit les gars du son demander avec le sourire à l'assistant de plateau où il peuvent installer leur roulante. Alors qu'on lui apporte son café (un tout petit sucre et très peu de lait), le chef opérateur semble moins souriant, fâché visiblement de ne pas savoir si on commence par un travelling, ou si on pose la caméra sur la base. Le metteur en scène lui confirmera le travelling après avoir vérifié son plan avec le chercheur de cadre. Les machinos ne traînent pas, certains ajustant en experts les rails à l'aide de cales-sifflet, d'autres posant pour la prochaine scène des borniols aux fenêtres (du nom de la célèbre Maison Borniol, compagnie de pompes funèbres du XIXe siècle qui drapait de noir l'entrée des immeubles des défunts). Dans le même temps on éclaire, et sur le plateau les accessoiristes s'activent dans tous les sens. Aujourd'hui, on ne sera pas en dépassement comme la veille, la fin de journée étant prévu à 19 h. Les comédiens, Jean-Pierre et Françoise sont prêts, on fait les derniers ajustements; un peu de bombe à mater sur les rails, on rajoute un drapeau et une mama, le chef op est bien installé sur ses cubes opérateur, le moteur est demandé juste après que le premier assistant ait rangé son décamètre... Dernière scène avant la pause déjeuner. Au son, on est tendu, il leur faut faire plusieurs sons seuls, «juste après le dernier plan», leur lance le premier assistant. L'échange de regard est tendu, mais tout s'arrangera à la fête de fin de film, comme toujours. Toute règle a son exception, et c'est sans explication qu'on appelle le perchiste du Québec, un perchman en France...

Un temps d'acteur

—

Pour «devenir» son personnage, un acteur a besoin d'une concentration hors du commun et d'une capacité de dédoublement qui s'approche parfois de la schizophrénie. Certaines scènes sont en outre plus difficiles que d'autres. Il arrive alors qu'un comédien ait besoin d'un moment de solitude et de silence total afin de s'immerger complètement dans son rôle. On lui accorde alors un «temps d'acteur».

Sur *C.R.A.Z.Y.*, Michel Côté s'apprêtait à jouer la scène où il parle pour la première fois à son fils (Marc-André Grondin) de son incapacité à accepter l'homosexualité de ce dernier. Un moment clé du film, très émouvant. C'était une scène assez longue à préparer, et Jean-Marc Vallée avait passé du temps à la répéter avec ses comédiens. Tout était en place, et le silence s'était installé sur le plateau. Il est parfois troublant de se retrouver au cœur de situations de la vraie vie, mais totalement inventées. Nous sommes des voyeurs passifs, témoins de fiction. Ces moments nous sont familiers, mais nous en sommes détachés affectivement. Car ce n'est qu'un travail, mais assurément pas un travail comme les autres.

Avant que la scène ne se tourne, sans un mot, Michel est sorti de la maison. Tout le monde le regardait en silence aller s'installer à l'arrière d'un camion. Dans ces cas-là, le comédien devient «radioactif», et personne ne l'approche. Il s'installe autour de l'acteur un périmètre de sécurité sévèrement protégé par un bataillon d'émotions et de respect. Le regarder se préparer à l'écart du plateau était très touchant. C'est aussi pour ça que «faire» du cinéma est passionnant, car l'émotion se trouve à l'intérieur comme à l'extérieur du film. Les acteurs prennent beaucoup de risques en se dévoilant autant. Et c'est lorsqu'ils deviennent vulnérables qu'ils sont le plus crédibles, qu'ils deviennent leur personnage. Sans ce dénuement, il n'y a pas de vérité.

Michel Côté était seul monde, le temps s'était arrêté. Il était profondément concentré, totalement isolé dans son personnage. Curieusement, la rue était vide, pas de voisins au loin, aucune voiture, comme si tout le monde s'était passé le mot. Michel est resté là plusieurs minutes, et nous savions tous qu'il se passait quelque chose de spécial. J'avais devant moi une image à prendre. Un cliché où tout est dit. Pourtant, j'hésitais. Travaillant pour la première fois avec Michel Côté, je ne savais pas comment il réagirait si je venais briser son «temps d'acteur». Mais je n'ai pas pu résister et me suis approché lentement. Il restait tête baissée, les yeux fermés, comme une bête au repos. Prendre la photo ne dura que quelques secondes, et je disparus en silence. Lorsque Michel arriva sur le plateau, tout le monde était en place, et très peu de mots furent échangés entre lui et Jean-Marc. Il s'assit, et le moteur fut demandé. Rarement le mot silence eut autant de signification. Mouches et avions ne volaient plus, l'espace aérien appartenait aux acteurs. La prise ne fut pas longue, et Jean-Marc laissa la caméra tourner en plan fixe. On ne refit guère la scène que deux ou trois fois, tout était là.

Lorsque je revis Michel, je lui offris cette photo. Il en fut enchanté et très surpris, m'avouant n'avoir jamais remarqué ma présence.

Pour certains comédiens, cette recherche de solitude est permanente. C'est le cas de Roy Dupuis, qui s'investit beaucoup émotionnellement dans les films qu'il tourne. Son personnage l'habite du début à la fin dans une communion totale avec le projet. Lorsqu'on cherche Roy sur un plateau, il suffit de diriger son regard vers les endroits

abandonnés du décor. Il ne s'approche de la caméra que lorsqu'on est prêt à tourner. C'est une façon de fuir le chaos, de trouver un répit dans le tumulte. Il y a beaucoup de respect pour les acteurs sur un plateau, chacun étant conscient de la difficulté de la performance. Pour Roy, le «temps d'acteur» dure tout le tournage. Cet isolement pourrait créer une atmosphère pesante et pourtant, au contraire, cela implique tout le monde dans le projet. Bien que souvent à l'écart de l'équipe, Roy donne à chacun la concentration nécessaire à la réussite du film et, curieusement, on ne se sent pas seul.

J'ai rencontré Roy pour la première fois sur le tournage de *Mémoires affectives*, de Francis Leclerc. J'ai tout de suite aimé sa façon de faire, sa quête d'isolement et sa grande implication dans l'histoire. Il était très proche de Francis, sans cesse à chercher avec lui des pistes pour son personnage. Ce qui me frappait, c'est que, bien qu'il soit un comédien très expérimenté, il ne prenait pas son rôle avec facilité, laissant sans arrêt place au doute. Il est vrai que son personnage d'amnésique s'y prêtait mais, lorsque je le revis sur *Un été sans point ni coup sûr*, dans un rôle plus modeste, il avait toujours le même sérieux, une éthique de travail impeccable. Il jouait la comédie comme je fais des photos, en silence, à la recherche de solitude.

Chaque comédien a sa façon de faire. Il n'y a pas de méthode définie pour se préparer à une scène. Antoine Bertrand, à l'inverse de Roy Dupuis, recherche la présence des autres pour être prêt. Il cherche l'attention comme rempart au vide qui l'habite. Une autre façon de se rapprocher de son personnage. Antoine, c'est l'invention du rire, une machine infernale à faire rigoler, un remède au désespoir. Il puise dans l'humour l'énergie pour se concentrer. Jusqu'à la dernière seconde, avant qu'on lance le «moteur!», il plaisante. L'équipe, et souvent les autres comédiens, a alors bien du mal à garder son sérieux. C'est quelqu'un d'impossible à détester. L'attention qu'Antoine dirige vers lui sert de bouclier face à son angoisse du jeu. Le rire pour repousser le trac. Il lui arrive même de poursuive ces facéties au milieu d'une scène qui se tourne…

Sur le tournage des *Maîtres du suspense*, il avait une petite scène dans laquelle son personnage doit passer la *mop* dans la garderie où il travaille. Il fait simplement passer devant le cadre de porte, la caméra se trouvant dans la pièce d'à côté. Nous allions commencer à tourner, et je décidai de rejoindre Antoine, me cachant au bout de la véranda pour prendre des photos de lui seul avec toute l'enfilade de la galerie. Antoine commença ses allers-retours. On refit l'action plusieurs fois. Au bout de la cinquième fois, au fond de la pièce, juste avant de recommencer la prise, il me regarda, complice, et baissa son pantalon. Lorsqu'il apparut dans le cadre de porte l'éclat de rire fut général, la scène était terminée…

Ces petites blagues potaches sont un peu d'oxygène sur un tournage. Des soupapes de sécurité qui, elles aussi, permettent de rassembler l'équipe. Elles marquent également chez les comédiens l'expression d'une extrême sensibilité.

Mais être comédien, c'est aussi obéir, avoir une confiance totale dans le projet et dans les demandes du réalisateur, et agir de façon instinctive. Ne plus penser, même si parfois les demandes semblent dépasser son endurance.

L'équipe de tournage de *Nouvelle-France* préparait le plateau pour une scène importante. Je profitai de l'occasion pour aller visiter le château où nous tournions. C'était un «petit» château comme il y en a beaucoup autour de Paris. Il était très bien entretenu, et c'était étrange de voir l'équipement moderne du tournage envahir ce lieu aussi ancien. Au détour d'une porte, je découvris Vincent Perez et Irène Jacob, seuls au milieu d'une vaste pièce. Ils étaient en grande conversation et ne s'aperçurent pas de ma présence. Dans leur costume du XVIIIᵉ siècle, ils discutaient passionnément. Je fus frappé par le fait qu'ils n'avaient pas quitté leur personnage : ils se tenaient droits sur leur chaise, le menton haut, l'allure fière, et étaient prêts à retourner à tout instant sur le plateau. Même pendant une pause, on sentait qu'ils restaient alertes, conservant la dynamique du film. Sans les projecteurs au fond de la pièce, on aurait pu les filmer sans qu'on sache que ce n'était pas une scène du film. C'était une très belle image de cinéma.

Yzkor, c'est une prière juive, récitée à la mémoire des disparus. C'est aussi le titre du long métrage que le réalisateur français Raphaël Nadjari est venu récemment tourner à Montréal. Le cinéma est un monde d'ordinaire très organisé, où la planification est le maître mot. L'équipe est en permanence informée de ce qu'on attend d'elle, de la façon dont va se tourner une scène, avec ce principe que l'incertitude est source de catastrophe. Le premier assistant-réalisateur a pour rôle de prévoir avec exactitude le déroulement de la journée. Les techniciens aiment savoir où ils s'en vont, détestant par-dessus tout le vide et l'improvisation.

Avec Raphaël Nadjari, c'est tout le contraire. Son idée du cinéma est intérieure et secrète, elle évolue en permanence et ne prend forme qu'une fois sur le plateau. L'air du temps, le moment présent, l'énergie du jour décident de sa mise en scène. Il laisse

p.66
Michel Côté
C.R.A.Z.Y., 2005.

p.69
Roy Dupuis
Mémoires affectives, 2004.

p.70
**Antoine Bertrand,
Stéphane Lapointe**
Les maîtres du suspense, 2014.

ci-contre, haut
**Géraldine Pailhas,
Luc Picard,
Raphaël Nadjari**
Yzkor, 2015.

ci-contre, bas
**Francis Leclerc ,
Roy Dupuis**
Mémoires affectives, 2004.

ci-contre, haut
Vincent Perez, Irène Jacob
Nouvelle-France, 2004.

ci-contre, bas
Sylvie Testud, Pierre Richard
Le bonheur de Pierre, 2009.

grande ouverte la porte de l'interprétation à ses comédiens. *Yzkor* raconte l'histoire d'un couple de musiciens interprété par Géraldine Pailhas et Luc Picard, pris dans les méandres de la création musicale. Dès les premiers jours de tournage, l'équipe était perplexe face à la mise en scène du réalisateur. Loin dans son monde, il faisait du plateau une aire ouverte à la recherche cinématographique, redonnant au cinéma le nom de septième art. Pas de place précise pour le déplacement des comédiens, peu de dialogues écrits, il faisait de sa caméra sans cesse en mouvement un capteur de moments. L'image était volage, avant tout au service de l'émotion. C'était tout un travail d'adaptation pour les acteurs qui, pour une fois, avaient toute la place pour s'exprimer. Géraldine avait déjà tourné avec Raphaël et connaissait bien son fonctionnement mais, pour les autres comédiens, il leur fallait s'adapter à une toute nouvelle façon de tourner.

Je trouvais cette manière de faire très rafraîchissante. Je revenais au cinéma que j'avais connu à mes débuts, où le réalisateur était metteur en scène et non «metteur en images» comme c'est trop souvent le cas aujourd'hui. La partition de Raphaël était vierge, ou peut-être juste ponctuée d'une simple mélodie. Les comédiens devaient se l'approprier en y ajoutant leur solfège. Il était impossible de prévoir le déroulement d'une scène, la caméra pouvant bouger à tout instant selon l'inspiration du réalisateur. Chaque scène était précédée d'une longue recherche sur le fond, jamais sur la forme. Pour une équipe habituée à la rigueur de tourner nord-américaine, c'était très déstabilisant, notamment pour le directeur photo, devant éclairer une scène sans jamais être certain des déplacements des comédiens. Parfois, au moment de tourner, après un long temps d'installation, Raphaël changeait d'avis sur la place de la caméra ou décidait d'une mise en scène complètement différente. Dans ces cas-là, il est nécessaire de lâcher prise. C'est une autre façon de faire du cinéma, tournée vers l'émotion, la spontanéité, qui demande à chacun de laisser de côté ses angoisses techniques. Les prises étaient nombreuses, laissant le temps aux acteurs de trouver le ton juste, la plupart des dialogues étant improvisés. Cela pouvait sembler expérimental mais, pour le réalisateur, elle ne l'était pas. Il savait exactement ce qu'il recherchait, et cela demandait souvent du temps pour le trouver. Un faux raccord, une lumière mal ajustée n'étaient pas une priorité ; on tournait quand même. Ce qui importait, c'était la justesse des comédiens et, pour ce faire, toute la place leur était faite. Dans ce chaos apparent, je pouvais comprendre les techniciens qui avaient le sentiment de ne pas pouvoir toujours faire correctement leur travail. C'est un milieu où tout doit être parfait, où l'erreur n'est pas tolérée, étant souvent synonyme de perte de temps, et donc d'argent. On est parfois rapidement montré du doigt, même si l'erreur est humaine. Les budgets de plus en plus serrés réduisent aujourd'hui le temps de mise en scène des réalisateurs. Ils n'ont guère le temps de travailler comme il le faudrait avec leurs comédiens. La situation est particulièrement critique en télévision, où le nombre de scènes à tourner dans une journée est tel, qu'ils ne peuvent que décider de la place de la caméra et donner de rapides indications de jeu aux acteurs. Il revient alors aux comédiens de trouver eux-mêmes la bonne interprétation. Souvent, il n'y a plus de répétitions et on se contente d'une prise, deux au maximum. Si le résultat est malgré tout de qualité, c'est en grande partie grâce aux comédiens, le metteur en scène devenant un gestionnaire du temps de tournage. Auparavant, lorsqu'on utilisait la pellicule, on ne pouvait pas laisser tourner la caméra, limité par le temps avant de recharger, et par souci d'économie. Les caméras numériques, qui permettent de tourner sans avoir à couper, obligent les comédiens à reprendre leur texte en plein milieu d'une scène, avec le risque de perdre l'émotion, le ton du personnage. Sur certains projets, ils ont donc la responsabilité de garder l'histoire sur les rails, ce qui est normalement le mandat du réalisateur. Heureusement, le cinéma permet encore aux réalisateurs de travailler avec les comédiens. Pour aller plus vite le jour du tournage, ils répètent en amont avec leurs comédiens, bien que la lecture d'une scène ne soit pas la même lorsqu'ils ne sont pas dans le décor.

Sur *Yzkor*, Raphaël Nadjari était certes très exigeant, mais il savait faire des choix. En fin de journée, le temps était compté. Il restait une scène à tourner où Luc et Géraldine sont filmés en train de dormir. Le plan était assez long à éclairer, et Benoît, le directeur photo, s'assura avec Raphaël de ses intentions précises. La caméra devait se promener autour du lit, filmant les comédiens endormis. La scène devait être relativement longue et, après 45 minutes d'installation, l'équipe était prête. Le moteur fut demandé. La caméra commença à tourner et, après à peine 10 secondes, Raphaël coupa. «C'est terminé, c'est parfait», annonça-t-il. Tout le plateau était perplexe. «Comment ça, terminé?» demanda Benoît. «Oui, c'est parfait, c'est beau, c'est pur», répondit Raphaël. Et il quitta le plateau, la journée était terminée.

à gauche, haut
Robin Aubert
Les maîtres du suspense, 2014.

à droite, bas
Julie Le Breton
Une vie qui commence, 2010.

ci-contre
Évelyne Brochu, Kevin Parent
Café de Flore, 2011.

Rencontres

—

Le cinéma est mouvement, personnages, histoire. Les comédiens évoluent dans un monde à part dans lequel ils s'immergent complètement, laissant de côté qui ils sont pour devenir un autre. Pour toute la durée du film, ils vivent en compagnie de leur personnage. En plus de devoir cohabiter avec ce double, ils leur faut garder une certaine disponibilité pour les autres, car le cinéma est un travail d'équipe. C'est pour cette raison qu'ils sont souvent si entourés, pour se protéger au maximum des distractions extérieures. Dans notre vie de tous les jours, nous n'avons pas à être quelqu'un d'autre. Bien que nous jouions tous un petit rôle en société, le naturel revient vite au galop. Les comédiens sont de plus soumis en permanence au regard du public, qui les idéalise la plupart du temps. Si j'étais ému en rencontrant certains comédiens, c'est parce qu'ils m'avaient accompagné durant certaines parties de ma vie. Mais je ne m'écroulais pas au sol et ne piquais pas de crise d'hystérie, comme j'ai pu le voir au Festival de Cannes. Engagé par la production qui souhaitait avoir des images de la visite de Bruce Willis sur la Croisette, j'avais passé deux jours avec lui, le suivant partout lors de sa tournée de promotion. Je me souviens de la limousine où nous nous étions réfugiés tant le public était envahissant. Les gens avaient bloqué la rue et empêchaient la voiture d'avancer. Nous attendions à l'intérieur pendant que la voiture était secouée de tous bords par les fans qui voulaient apercevoir leur idole. Je regardais Bruce Willis d'un œil interrogateur. Il était impassible, visiblement beaucoup plus habitué que moi. À Paris, lorsque nous tournions les extérieurs de *Café de Flore*, la voiture de Vanessa Paradis l'attendait très proche du plateau. Il lui était impossible de marcher dans la rue sans que les gens la suivent, sortent leur téléphone pour la prendre en photo ou lui demandent un autographe.

Il n'est pas rare d'entendre les comédiens étrangers vanter Montréal pour sa tranquillité lorsqu'ils viennent tourner au Québec. Ce n'est pas un mythe ni une phrase pour faire plaisir, c'est la vérité. L'un des rares endroits sur la planète où ils peuvent sortir sans se cacher. Gérard Depardieu se plaisait d'ailleurs à répéter qu'il était bien à Montréal : « Ah, on est tranquille chez vous, les gars ! »

Bien que le Québec n'échappe pas complètement au star-système, il existe encore ici du respect pour les comédiens qui, s'ils attirent les regards, ne déclenchent pas d'émeutes. Il y a quelques années, la police parisienne avait dû fermer l'avenue des Champs-Élysées, car une foule immense s'était réunie devant une pizzeria où dînait Patrick Bruel…

Le Québec est une exception, et les rapports avec les comédiens sont normaux, entre personnes normales. Une île déserte, secrète, et à l'écart de la folie d'un monde obsédé par le vedettariat.

La photographie de plateau demande d'être au plus près de l'histoire, de ne pas trahir le ton du film. Lorsque vient le temps de réaliser un portrait des acteurs, il faut donc rester vigilant et ne pas franchir la frontière entre la personne et le personnage. Un comédien peut facilement revoir un film qu'il a tourné il y a plus de 20 ans et retrouver avec plaisir le personnage qu'il a interprété, le goût de l'histoire. La photographie les fige dans le temps, les ramenant à eux-mêmes en les éloignant de leur personnage.

Aussi, lorsqu'on photographie les comédiens sur le plateau, il est primordial de rester proche du personnage. Ces portraits sont destinés à la promotion du film, donc ils doivent donner à ceux qui les voient un indice sur les personnages et non sur la personne qui incarne le rôle.

Dans chaque recoin du plateau s'offrent une multitude de bonnes images, un véritable paradis photographique. Comédiens en attente, au repos, fébriles… Tous ces moments qui tournent autour de la caméra, et qui ne font pas partie du film, sont précieux et constituent «l'histoire» du film. Ces images ne sont jamais diffusées; elles restent secrètes, car elles ne servent pas la promotion. Elles ne sont jamais volées, mais offertes comme des cadeaux.

Ces instantanés réalisés en marge du plateau donnent une vision différente du comédien, un passage entre le personnage et l'être humain. On y trouve souvent beaucoup de fragilité, de poésie, d'humanité. Jusqu'au milieu des années 90, il existait une certaine liberté sur les plateaux. On pouvait facilement se permettre de photographier les comédiens entre deux scènes. Même si les vedettes ont toujours été très soucieuses de leur image, la peur de voir ces images circuler n'existait pas. Le monde a basculé depuis 15 ans dans la paranoïa, et le contrôle de l'image (sa manipulation, parfois) est devenu un élément important dans la carrière d'un acteur. Aux États-Unis ou en France, il est devenu très difficile pour un photographe de plateau de travailler «à côté» de la scène. Il est immédiatement suspect. L'Internet a considérablement réduit la liberté d'expression du photographe, alors que celui-ci est avant tout au service des comédiens. Il existe de merveilleuses images des films des années 50, 60 et 70 prises hors plateau. On y voit Dustin Hoffman torse nu faisant du vélo en pyjama, Marlon Brando jouant aux échecs avec des membres de l'équipe, ou Ingrid Bergman se relaxant sous un parasol. Des instants uniques, difficiles à retrouver aujourd'hui.

p.78
Laurence Lebœuf
Turbo Kid, 2015.

ci-contre
Ryan O'Neal
The List, 2000.

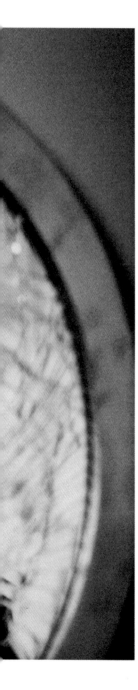

Ryan O'Neal

Ryan O'Neal se tenait devant moi, l'air sévère. Il jouait le rôle du juge dans l'adaptation américaine de *Liste noire*, réalisée par Sylvain Guy. Si sa gloire était passée, Ryan O'Neal restait pour moi le grand Barry Lyndon du film de Kubrick. Il se comportait comme une star certes, mais s'il était difficile avec la production, en vieil habitué des plateaux, il savait se faire aimer de l'équipe. Nous prîmes l'habitude entre les prises de parler cinéma, et bien évidemment la conversation revenait sans cesse sur son expérience avec Kubrick. J'avais entendu de nombreuses histoires sur le tournage de Barry Lyndon, le plus souvent négatives concernant le comportement de Kubrick envers ses comédiens. Il me tardait de connaître la vérité. Ryan O'Neal fut très heureux de parler de son expérience, ce qui n'est pas toujours le cas lorsqu'un acteur est «marqué» à vie par un rôle. Il me raconta que le tournage fut fantastique et que, bien que très exigeant, Kubrick était très respectueux des acteurs, d'une grande gentillesse même. Comme tous les génies, il avait aussi des moments où il ne fallait pas chercher à comprendre. Ryan O'Neal se rappelait notamment le tournage d'un petit plan où il lui fallait simplement passer une porte. Il fit un premier passage. Kubrick demanda une deuxième prise, puis une troisième, une quatrième… Surpris, il demanda à Kubrick ce qui n'allait pas. «Rien, continue la même chose, c'est parfait», répondit le maître. Sans chercher à comprendre, Ryan effectua 25 passages de porte. Il ne sut jamais ce qui n'allait pas mais, à la fin, me dit-il, Kubrick fut très satisfait…

Comme la plupart des vedettes américaines, Ryan disposait d'une voiture avec chauffeur. Personne sur le tournage n'était autorisé à monter avec lui. Je fus «convoqué» un matin dans sa roulotte. Il me demanda de réaliser une série de portraits de lui, souhaitant offrir à chaque membre de l'équipe une photo souvenir. Il fut satisfait des photos. Quand il me vit en fin de journée quitter le plateau à pied, il fit arrêter sa voiture et m'autorisa pour le reste du tournage à monter avec lui.

Pierre Richard

Dans le silence d'un plateau résonnent parfois des voix improbables qui vous figent dans le temps. Des sons qui vous renvoient à des périodes oubliées de votre enfance.

Le tournage du Bonheur de Pierre, réalisé par Robert Ménard, avait lieu en hiver à Sainte-Rose-du-Nord. Le décor était à couper le souffle, avec le fjord gelé et toutes ces petites maisons qui se réchauffaient, serrées les unes contre les autres. L'équipe avait investi le village pour un mois et demi, lui donnant une animation toute particulière dans une période si clame d'habitude. Tous les habitants participaient d'une manière ou d'une autre au tournage, comme Marie, qui m'apportait secrètement en fin de journée une « p'tite ponce de gin » pour me réchauffer.

Le premier jour de tournage se passait en intérieur. Il était tôt et pas un bruit sur le plateau. Robert Ménard répétait avec ses comédiens dans une petite pièce de la maison, l'équipe attendant à l'écart. Je savais que Pierre Richard était là, mais il était encore invisible. Lorsque sa voix résonna, le temps s'arrêta, me projetant loin, très loin dans mon passé. Il se mit à déferler dans mon esprit une multitude d'images, faites de souvenirs de mon enfance mêlés à des images de film. *Le grand blond avec une chaussure noire*, *Le jouet*, *La chèvre…* Je nageais soudain dans un ailleurs, où la fiction se mêlait à la réalité. Je ne bougeais plus, hypnotisé par cette présence si familière. Dans mon enfance, Pierre Richard était plus qu'un acteur; c'était un membre de chaque famille française.

Soudain, il apparut. Toujours le même, mince, élancé, le regard bleu azur, il n'avait pas changé. Il vint saluer l'équipe très chaleureusement, avec humour et sincérité. Je ressentis soudain l'envie de lui dire combien j'étais heureux de le rencontrer, mais je n'y parvins pas sur le moment, et lui dirais plus tard. Tout au long du tournage, Pierre n'était que bonne humeur. Il dégageait une énergie communicative qui aidait chacun à supporter les -30 °C du Saguenay. Un matin, je trouvai un moment pour lui parler, pour lui dire à quel point il avait réveillé en moi l'enfant que j'étais. «Mais tu sais, me dit-il, moi, je n'ai jamais grandi, je n'ai même jamais travaillé. J'ai passé ma vie à m'amuser. C'est génial, non?» Je repensai alors à la phrase de Françoise Sagan qui disait qu'«on ne sort jamais de l'enfance. N'est-ce pas là la marque des vrais sensibles?».

Pierre Richard se promenait sur le plateau avec son iPod. Entre les scènes, il n'était pas rare de le voir se mettre à danser sur une route enneigée ou au cœur de l'immensité du fjord. Ces moments-là vous font oublier toutes les frustrations, l'attente, le froid, la pluie, les nuits de tournage. On se sent alors privilégié de faire ce métier. Jamais il ne se plaignait. Même ce jour où il dut tourner dehors par -25 °C habillé en veston. Il souriait, répétant à l'envi: «Ah, c'est beau ici, c'est beau!» Puis regardant devant lui la foule de Canada Goose, il lança à l'équipe en éclatant de rire: «Fait quand même un peu froid chez vous!»

Un soir, de retour à l'hôtel après une journée glaciale passée sur le fjord, Pierre rameuta l'équipe à la discothèque qu'il avait réservée. «Hey, les gars, c'est *open bar*!» Et il se mit à danser. Parce que, pour lui, comme il me le dit, «dans la vie, il n'y a pas un moment à perdre».

Gérard Depardieu

Comme avec Pierre Richard, la rencontre avec certains acteurs dépasse la relation professionnelle. Certains vous ont accompagné dans certains moments de votre vie. Avec eux vous avez souri, pleuré, rêvé.

Après plusieurs semaines de tournage au Québec sur Nouvelle-France, nous avions pris nos quartiers en France pour tourner la partie où le personnage joué par David La Haye vient chercher le soutien du Roi. C'était également la première apparition de Gérard Depardieu, qui jouait le rôle de l'abbé Blondeau. La scène se passait dans un magnifique «petit» château en région parisienne. Personne ne savait à quoi s'attendre. Il y avait tant de rumeurs à son sujet, notamment son comportement imprévisible. J'étais très fébrile à l'idée de le rencontrer. Il avait accompagné toute ma vie de cinéphile, plus encore que Pierre Richard, qui lui ne s'était occupé que de mon enfance. Depardieu, c'était les films de Blier, de Truffaut, de Bertolucci... Un géant. Ce n'était pas l'homme qui m'impressionnait, mais bien tous les personnages qu'il avait interprétés, et qui m'avaient fait grandir. Il est de ces acteurs plus grands que nature, qui marchent accompagnés de l'ombre de leur légende. Adossé à un cadre de porte, ma caméra à la main, j'attendais en silence le début de la scène. Je sentis une présence derrière moi et sus qu'il était là. Je ne bougeais plus, et Depardieu vint s'asseoir à côté de moi. Nous étions seuls, la scène se tournant dans la pièce adjacente dans laquelle il devait faire son entrée. En tendant le bras, j'aurais pu le toucher. Il était décontracté et ne semblait pas s'apercevoir de ma présence. Avant son entrée en scène, il me jeta un coup d'œil en me souriant. La glace était brisée.

Le tournage avec lui fut très agréable. Il plaisantait avec tout le monde, se rendait disponible. Rendu à Montréal, pour les scènes de studio, il me dit combien c'était agréable pour lui de tourner ici, sans subir la pression des médias ou du public lorsqu'il sortait en ville. Sous sa soutane de prêtre, Depardieu gardait toujours son

cellulaire, qui sonnait parfois même pendant les prises. Ce jour-là, nous tournions la scène où il meurt. Le silence était total sur le plateau et, au moment d'agoniser, la sonnerie de son téléphone retentit! «Hey, les gars, c'est Thierry Lhermitte! Il vous passe le bonjour!» lança Depardieu en rigolant.

Il n'y avait rien pour le gêner, il était de très bonne humeur. À la fin d'un plan, il se leva et dit de sa voix forte: « Ah! On n'est pas bien là?» Je ne pus alors m'empêcher de murmurer la fin de sa célèbre réplique des *Valseuses*: «... Paisibles, à la fraîche, décontractés du gland!»

Pierre Lebeau

Une bonne part du succès de la série de films *Les Boys* repose sur la personnalité des personnages. Pierre Lebeau aimait beaucoup jouer Méo. C'était un véritable rôle de composition pour lui, et un personnage qui évoluait beaucoup au fil des années. De la brute des premiers films, il s'était mué en mentor pour le groupe, un pilier sur lequel chacun pouvait compter dans toutes les situations. Pierre peut tout jouer, et le comédien n'est jamais loin de son personnage. Drôle, sensible, toujours disponible, presque gêné d'être là parfois. Son humeur est égale et rassure. Lorsque la fatigue se fait sentir, que les heures de tournage s'étirent à n'en plus finir, on sait qu'on peut trouver avec Pierre un peu de réconfort. Il y a chez lui cette joie de jouer inépuisable et une dévotion totale pour son personnage. Sur le film *Les Boys IV*, lors du match qui oppose les Boys aux Légendes, Méo et Mike Bossy entrent en contact. S'ensuit alors une dispute entre les deux, Méo voulant garder le bâton de Mike en souvenir. Alors que ce dernier tente désespérément de le récupérer, Méo lui lance son fameux « T'es chien, Mike, t'es chien ! T'es chien ! » Dans le scénario, Mike Bossy est alors sensé lui tenir tête mais, au moment du tournage, impossible pour lui de ne pas rire. Les prises s'enchaînent et rien à faire, Méo est trop drôle, la légende ne peut se retenir de rire, comme nous tous présents d'ailleurs. On gardera alors au montage le sourire de Mike Bossy !

Parfois, il arrive qu'on sente Pierre plus fragile. On le retrouve seul à l'écart du plateau, à la recherche de calme et d'énergie. Mais ici encore, il se tient prêt pour ses partenaires de jeu et pour l'équipe. Puis lorsque tout semble s'écrouler, que la tension monte et que rien ne va, Pierre se charge de ramener la paix, comme Méo.

Vanessa Paradis

Chaque nouveau tournage, il faut laisser à la confiance le temps de s'installer. Les comédiens sont très sensibles aux photos, car une fois le tournage terminé, ils doivent vivre avec, notamment en se retrouvant dans tous les magazines.

Les premiers jours de tournage sont cruciaux, chacun prend ses marques. Il faut alors faire attention à ne pas «brusquer» les comédiens en les prenant en photo dès qu'ils apparaissent sur le plateau. Eux aussi ont besoin de temps. Il m'arrive de ne pas prendre de photos lors de la première journée de tournage d'un comédien, pour lui laisser le temps de «s'installer» sur le plateau. Vanessa Paradis est une star profondément humaine, professionnelle et exigeante. Comme pour tous les comédiens, tout est fait sur le tournage pour que son confort soit parfait, pour ne laisser la place qu'au personnage.

C'était son premier jour de tournage sur *Café de Flore*, un froid matin d'octobre à Paris.

Jean-Marc Vallée était sur le plateau et avait commencé à tourner avec Marin, le petit garçon qui joue le rôle du fils de Vanessa dans le film. Le décor était une cour intérieure très parisienne, magnifiquement décorée années 60 par Patrice Vermette, le directeur artistique. Une arche sombre tapissée d'affiches de films d'époque menait au plateau. Dans ce décor, impossible de ne pas se sentir au cinéma. Je me tenais là, seul, observant Jean-Marc diriger le petit. Dans le silence de la prise, Vanessa apparut, discrète, à peine visible, encore protégée par son épais manteau. Elle se posa juste en face de moi, capuchon sur la tête et café fumant à la main. Elle venait prendre le pouls du plateau. Adossée contre le mur, elle observait. Je ne sentais chez elle aucune appréhension, mais beaucoup de douceur et de calme. Alors qu'elle n'avait pas encore commencé à tourner, elle rentrait lentement dans son personnage. J'hésitai un peu avant de prendre la photo, puis me souvins de celle de Michel Côté sur *C.R.A.Z.Y.* Vanessa savait très bien que j'étais là, mais elle ne bougea pas. J'eus le sentiment qu'elle me donnait silencieusement la permission de prendre la photo.

Sur le plateau, elle ne jugeait pas, mais restait très attentive. Rien ne lui échappait. Elle tissait son personnage avec précision, avec une volonté farouche de l'amener plus loin. Elle savait garder de la distance, c'est une star, mais pouvait aussi venir

poser sa main sur une épaule pour remercier un technicien, sincèrement, comme tout ce qu'elle faisait, sans compromis ni intérêt. Elle habite loin dans les sphères de la création et, lorsque qu'elle redescend sur terre, elle est artiste à plein temps, généreuse dans son jeu, réservée dans sa vie.

Pour les scènes où le personnage de Vanessa se promène dans Paris avec les deux enfants trisomiques, Jean-Marc souhaitait tourner avec une équipe très réduite, pour être plus mobile, de façon à pouvoir « voler » des plans. Nous étions ainsi une dizaine à nous balader dans Paris, un peu comme des touristes. On tournait façon « nouvelle vague », caméra à l'épaule, de manière très naturelle. C'étaient des moments très particuliers, où sans la lourde logistique du tournage, il était facile de parler avec Vanessa. Elle me demanda de lui raconter mon installation à Montréal, voulut savoir pourquoi j'avais tout laissé pour une nouvelle vie. Je la questionnai sur la vie de star, sur comment elle parvenait à garder une vie privée, car, lorsque nous tournions à l'extérieur dans Paris, la foule de badauds venus l'apercevoir était immense. Elle me dit que c'était sa famille qui la préservait. Le dernier jour de tournage à Paris, nous tournions dans une église. Le plateau s'installait et je sentis une main se poser sur mon épaule. Elle voulait me remercier pour les photos de plateau, qu'elle avait vues, et me dit que j'avais tout compris des personnages.

p.91
Vanessa Paradis
Café de Flore, 2011.

ci-contre
Sébastien Ricard
Avant que mon cœur bascule, 2012.

Sébastien Ricard

Intense, imprévisible, abandonné aux personnages qu'il interprète, Sébastien Ricard est un immense comédien au potentiel infini. Un acteur à la fragilité d'un Patrick Dewaere et à la fougue d'un De Niro.

C'est une énergie grisante, électrique qu'il dégage. Chez lui, rien n'est anodin. Un mouvement de tête, un regard; il ajoute en permanence de la ponctuation à son personnage, le faisant exister parfois si fort qu'on a l'impression de tourner une biographie tant son personnage nous semble connu.

Que la caméra tourne ou non, il reste toujours en suspens, aux aguets. Il faut prendre soin de ne pas le déranger, d'avancer avec prudence et humilité. C'est un croyant, dévoué au cinéma, à la création. Sur *Avant que mon cœur bascule* de Sébastien Rose, j'avais très envie d'avoir un bon portrait de lui, avec un regard pour ma caméra. Il me fallait pour cela attendre le bon moment. Nous marchions côte à côte vers le prochain décor, dans les bois. Je me mis à lui parler de la pièce *La nuit juste avant les forêts*, que je venais de voir et dans laquelle sa performance m'avait bouleversé. La conversation tourna autour de l'importance du lieu où il avait joué (un entrepôt de Saint-Henri) et de la proximité du public. La discussion était animée. Je m'arrêtai soudain et demandai à Sébastien de ne plus bouger et de regarder la caméra. Il suffit de deux clics, puis il repartit seul sur le chemin.

Laurence Lebœuf

Plusieurs scènes de *La petite reine* ont été tournées à l'hôtel Château Mirabel, en face de l'aéroport. C'était un bâtiment immense et lugubre, complètement abandonné. Pour un peu on se serait cru en Union soviétique dans les années 80. À l'intérieur, même les faux palmiers qui entouraient la piscine dépérissaient avec leurs feuilles en plastique jauni. C'était un lieu idéal pour tourner, puisque la production pouvait y reconstituer facilement plusieurs décors.

Laurence Lebœuf est une comédienne très dévouée aux rôles qu'elle interprète. Elle fait partie de ces acteurs qui ont besoin de travailler en groupe, qui se nourrissent de l'esprit de troupe. C'est une actrice très douée qui a un grand contrôle sur son jeu, toujours prête pour de nouvelles expériences cinématographiques. Je l'imaginais facilement faire partie de la troupe de Molière, sillonnant les routes de France, pour finir par jouer devant le Roi.

Le plateau était au cinquième étage de l'hôtel. La bâtisse au complet semblait avoir abandonné sa lutte contre le temps. À l'intérieur même du bâtiment, la végétation commençait à reprendre ses droits, des arbres poussant dans les chambres (au… cinquième étage !). La scène était difficile. Le personnage qu'incarnait Laurence est confronté à son entraîneur (Patrice Robitaille) qui la pousse à se doper encore plus. La séquence demandait beaucoup de concentration aux comédiens.

Le couloir de l'hôtel était immense, et les chambres au mobilier brisé m'offraient la possibilité d'un bureau bien tranquille. Au cœur de ce paysage de désolation, entre deux scènes, je traitais tranquillement mes images sur mon ordinateur. Laurence apparut, vêtue d'un simple peignoir. Elle sortait pour quelques instants du radar de l'équipe, s'accordant une petite respiration à l'écart du plateau. Elle se glissa doucement dans la chambre, sans un bruit et sans un mot. Elle se dirigea à la fenêtre et alluma une cigarette.

C'était un moment de grâce que seul le cinéma peut offrir. Soudain, elle était Brigitte Bardot, icône des années 60, sublime de naturel, portant haut sa grâce et sa beauté. Elle m'offrait là une image de cinéma évidente, de celle que j'aime, qui oscille entre la réalité et la fiction. Elle se tenait dos à moi, et je pris ma caméra. Elle me demanda d'attendre et se mit de profil. Elle aussi était consciente de ce moment de cinéma.

On se dit que ces moments-là ne se répéteront pas… Puis nous nous retrouvions l'année suivante sur un film à petit budget, *Turbo Kid*. Le genre de film où chaque seconde compte. L'équipe était toujours pressée par le temps. En fin de journée, on s'activait autour d'elle pour terminer la scène dans les délais. C'était le chaos, tout le monde courait dans tous les sens. La lumière déclinait, les minutes valaient de l'or.

Laurence ne paniquait pas, elle souriait et, au cœur du tumulte, réapparut la grande Bardot, fragile et lumineuse…

ci-contre
Laurence Lebœuf
La petite reine, 2014.

p.98
Guillaume Lemay-Thivierge
Nitro, 2010.

p.100
Marc-André Forcier
Embrasse-moi comme tu m'aimes, 2015.

Guillaume Lemay-Thivierge

Guillaume est un acteur hors du commun, toujours de bonne humeur, de la vraie dynamite sur un plateau. Lui serrer la main, c'est comme boire 10 Red Bull : on se sent prêt à gravir l'Everest en short et en sandales. Qu'il vente, qu'il neige, que la fin du monde soit annoncée, il ne perd jamais le moral et entraîne dans sa bonne humeur toute l'équipe avec lui.

Sur *Nitro*, il trouvait là un rôle à sa mesure. Les films d'action québécois sont rares, et Guillaume savourait pleinement sa chance. Il souhaitait réaliser lui-même le plus de cascades possible. Impossible alors de ne pas penser au Jean-Paul Belmondo de la grande époque, qui avait bâti sa légende en ne se faisant jamais doubler pour les scènes d'action. Pour la ressemblance avec Bebel, Guillaume était bien d'accord ! Aucun défi qu'il ne relève pas, comme le grand Belmondo. Je lui racontai alors cette scène de *Peur sur la ville*, dans laquelle Bebel avait insisté pour courir lui-même sur le toit du métro aérien de Paris (une séquence célèbre). Le tournage de la scène était suivi dans la rue par de nombreux badauds. Lorsqu'elle fut terminée, un spectateur cria à Belmondo : « Moi, même pour 100 000 je ne l'aurais pas fait ! » Ce à quoi Belmondo répondit : « Moi non plus ! »

Marc-André Forcier

Au début, on se demande si l'on ne s'est pas trompé de plateau. À l'intérieur du studio règne une atmosphère de paix, tout est calme et, sans la présence des spots, on se croirait presque en vacances ou dans un quelconque musée du cinéma. Pas d'agitation, de panique ou de peur, ces tristes maux qui gangrènent parfois les tournages. Les gens sont aimables, ils vous disent bonjour et on entend même des rires. On vérifie une nouvelle fois l'adresse; pas de doute, c'est bien ici que se tourne le dernier film de Marc-André Forcier. Et c'est un peu comme se retrouver dans *Truman Show*: on n'y croit pas vraiment.

Tous les grands mythes se bâtissent autour d'histoires invraisemblables plus loufoques les unes que les autres. Autoritaire, caractériel, frondeur, solitaire, bougon : l'image de Marc-André Forcier n'a jamais manqué d'adjectifs pour ceux qui ne le connaissent pas. On m'aurait dit qu'il se nourrissait de nouveau-nés et buvait du sang de chauve-souris, je l'aurais peut-être cru. Ce qui est sûr, c'est que Forcier est un ovni du cinéma, extraterrestre prolifique et génial. Il navigue loin des réseaux et des petits cercles mondains d'artistes en quête de visibilité. Non content d'écrire ce qu'il veut, il le filme. On m'avait averti : « Tu verras, pour lui, les photographes de plateau ne servent à rien. » Aussi étais-je curieux de rencontrer la bête, Dieu trônant au sommet de sa franchise. D'ailleurs, sur la feuille de service, pas de nom à côté de « réalisateur », simplement « Son immensité ». J'étais prévenu.

J'ai toujours aimé les films de Forcier, et je repense souvent au *Vent du Wyoming*, qui est l'un des grands films du cinéma québécois. Son cinéma ressemble à celui de Jean-Pierre Mocky en France. Un ton d'une liberté rare, et une folle audace dans ses personnages. J'avais tourné avec Mocky au début de ma carrière, et c'était tout un personnage. Ombrageux, impatient, colérique, hurlant sur tout le monde. Du début jusqu'à la fin de la journée, il criait sans arrêt « Moteur, moteur ! », même lorsqu'il n'y avait personne sur le plateau. C'était assez surprenant et, alors que je pensais que c'était un tic de langage, j'appris que c'était parce qu'il voulait mourir en appelant le moteur (à l'instar de Molière mort sur scène). Ne connaissant pas l'heure de sa fin, il ne prenait pas de chance… Je m'attendais à retrouver avec Forcier le même genre d'individu.

La première scène de la journée était prête à être tournée. Café à la main, dans ses pensées, le maître Forcier fit son entrée sur le plateau. Le producteur vint me le présenter en soulignant, alors que je lui serrai la main, que Marc-André trouvait que les photographes de plateau ne servent à rien. Ce à quoi Forcier me répondit : « L'écoute pas, c'est des conneries. » À peine la journée avait-elle commencé que je retrouvais l'envie de prendre des photos. L'atmosphère était au cinéma. On travaillait sans précipitation, en réfléchissant à ce qu'on allait faire. J'étais frappé de retrouver aussi fidèlement devant moi ce que j'avais lu dans le scénario. Lire, c'est imaginer, et voir ce qu'on a lu, c'est souvent décevant. Mais pas ici, car pour Marc-André les mots passent avant l'image. C'est là une partie de son génie : ne pas céder au joli cadre, à « l'effet », mais privilégier le jeu. Ce n'est pas étonnant si autant de grands comédiens n'hésitent pas à accepter une seule journée de tournage sur l'un de ses films ; c'est souvent un rôle qui marque, même pour trois minutes.

Entre deux prises, un acteur s'interroge et se questionne sur l'intention d'une réplique. Forcier s'approche, nonchalant, et regarde son comédien : « L'acteur ne pose pas de question inutile au réalisateur », puis repart s'asseoir. Il n'y a ici ni malice ni mépris, mais l'humour dans ce qu'il a de plus pur. Puis, entre deux scènes, il s'assoit et parle du cinéma, des acteurs, de l'indépendance du Québec et, soudain, s'arrête, marque un silence, avoue son angoisse face à la création et ferme les yeux en allumant sa pipe.

Michel Côté

À l'approche du plateau, elle est de ses voix qui marquent le cinéma. On ne s'y trompe pas, cette voix est unique, le timbre clair, un rien éraillé ; Michel Côté n'est pas loin. Il vous accueille comme un ami, prend des nouvelles de la famille, n'oublie rien, plaisante, et garde cette distance qu'ont souvent les grands acteurs. Lorsque le plateau gronde et que la tension monte, Michel se lève, apaise et rassure. Il aime être au centre de l'action et transforme les mauvaises énergies en souvenir. Sa force, c'est qu'il est toujours lui-même : il est Michel Côté, jamais un autre. Le cœur ouvert, il est un navire tranquille qui navigue droit sur les plateaux, sans jamais s'énerver, avec comme figure de proue une extrême générosité. C'est aussi un « brise-larmes » qui sait plaisanter quand il le faut. Puis, lorsque vient le temps d'entrer en scène, on le retrouve un peu à l'écart, concentré, prêt pour l'action. Meneur de troupes, il suggère et, quel que soit le projet, il en fait une affaire personnelle. Au soir d'une longue journée, on le retrouve comme au matin, souriant et disponible, imperméable à la fatigue. Il est de ces acteurs qui vous font aimer le cinéma.

Le tournage de C.R.A.Z.Y. était très éprouvant, exigeant pour les comédiens comme pour les techniciens. Mais chacun avançait dans la même direction avec la conviction de participer à un projet extraordinaire. Vers le milieu du tournage, nous filmions dans la maison familiale, un petit bungalow de banlieue, et nous nous préparions pour la scène dans laquelle les parents, joués par Danielle Proulx et Michel Côté, apprennent la mort de leur fils Raymond. Une scène terrible où Danielle grille des toasts avec son fer alors que Michel s'isole en écoutant *Crazy* de Pasty Cline. Une douloureuse coïncidence voulut que la mère de Danielle Proulx décède cette semaine-là. Ce fut un choc pour toute l'équipe. Nous vivions chaque jour serrés les uns contre les autres, et c'était l'une des nôtres qui était touchée. Personne n'aurait trouvé à redire si Danielle avait souhaité ne pas venir tourner. Mais elle voulut être là, avec courage et dignité. Il est très difficile dans ces moments-là de trouver les mots justes, et le plus simple est de ne rien dire. Mais il fallait tourner cette fameuse scène. Après un tel drame, peu d'entre nous se seraient sentis capables de venir travailler, mais les comédiens ont cette capacité unique de se servir de leurs émotions pour trouver la force d'interpréter leur personnage. Ils parviennent à s'oublier, à aller au-delà de la réalité. Sur le plateau, le silence était absolu, chacun s'attelait à sa tâche avec beaucoup de professionnalisme dans une atmosphère toutefois très pesante. C'est alors que Michel, comme il le faisait dans les moments heureux, prit la responsabilité du plateau. Pas en terme de mise en scène, mais sur le plan de la charge émotionnelle. Il s'occupa de chacun avec bienveillance, nous insufflant l'énergie nécessaire pour remettre le tournage sur la bonne voie. Toute la journée, il fit preuve d'une humanité extrême avec beaucoup d'intelligence et de classe. Il nous rappelait que nous faisions partie de la même famille, et que, ensemble, nous allions passer au travers. La solidarité, voilà ce qu'il nous permit de retrouver. Il avait un bon mot pour chacun, un sourire. Ce jour- là, avec admiration, j'ai aimé cet homme. C'était il y a 10 ans, et à chaque fois que je revois Michel, je repense à ce moment-là.

ci-contre
Michel Côté
Les maîtres du suspense, 2014.

ci-contre
Jean-Marc Vallée
Café de Flore, 2011.

Jean-Marc Vallée

Jean-Marc, c'est l'exigence et le génie. Pour tourner avec lui, il vaut mieux être bien préparé, physiquement et psychologiquement. Avec lui, la caméra est instinctive, une prolongation de son esprit sans arrêt en mouvement. Il faut être prêt, car le mouvement qui a été répété peut brusquement changer pendant la prise. La caméra se met alors à tourner dans tous les sens. Comme s'ils étaient au cœur d'une fusillade, les techniciens se plaquent au sol pour éviter d'être dans le cadre, Jean-Marc n'y prend garde et continue alors à diriger ses comédiens. C'est un cinéma inventif, toujours sur le qui-vive mais maîtrisé, car une fois les décisions prises, Jean-Marc passe au plan suivant. S'il peut être parfois impatient sur le plateau, il reste toujours fidèle à sa vision et entraîne avec lui toute l'équipe. Personne n'est laissé de côté, on se sent impliqué dans le projet. C'est cette force de pouvoir rassembler chacun vers un objectif commun qui fait de Jean-Marc un réalisateur à part. Sa vision n'est jamais obscure, elle est souvent surprenante. Son monde intérieur est secret et, pourtant, il n'hésite jamais à le partager.

Un matin, sur *Café de Flore*, Jean-Marc vient m'encourager à ne pas hésiter à lui suggérer des plans, des façons de tourner. J'étais perplexe et je lui répondis que je n'oserais pas lui donner mon avis sur la manière de tourner une scène. Ça ne m'était d'ailleurs jamais venu à l'esprit. Mais sa demande révélait ses doutes, ceux de l'artiste qui n'arrive jamais sur le plateau avec un plan précis en tête, qui s'isole dans le décor, se laissant absorber par l'atmosphère qui s'en dégage. Puis arrivent les comédiens, et lentement la mise en scène prend forme.

La valse des ego

—

Chaque année, Montréal accueille une pléthore de stars américaines qui viennent tourner en ville. Crédits d'impôt, taux de change et infrastructures sont des éléments importants dans la décision des producteurs étrangers de venir tourner au Québec. Il y a quelques années, on entendait parfois que certains producteurs américains qualifiaient les techniciens québécois de « snow Mexicans » ou d'« ice niggers » en référence à des travailleurs bon marché. Cette époque est révolue et la cohabitation est désormais harmonieuse, les producteurs ayant depuis longtemps constaté le professionnalisme des équipes québécoises.

Les stars américaines ont cependant leurs exigences, et il faut pouvoir les accommoder. Ces demandes sont souvent contractuelles, établies par les agents. C'est ainsi qu'on bâtit une vedette : au nombre de ses désirs. Ce sont le plus souvent les producteurs qui doivent composer avec ceux-ci, l'équipe, en contact direct avec la star étant un peu moins sous pression. Hollywood, c'est un autre monde, loin des tournages québécois où le travail se fait dans une ambiance familiale. Chacun se connaît et travaille dans un but commun. Producteurs, comédiens, techniciens, on échange sur un même pied d'égalité ; il n'y a que très peu de marches sur l'échelle de la hiérarchie. On retrouve les comédiens d'un projet à l'autre toujours avec le même plaisir, on se donne des nouvelles de la famille, on est souvent tous dans la même galère. L'absence de star-système rend les tournages moins stressants et plus humains, surtout. Il n'y a pas cette crainte de la vedette surpuissante qui a le droit de vie ou de mort sur tous les membres de l'équipe. Il y a bien quelques comédiens aux désirs de star, mais ils sont très rares, et ne sont guère en position de force pour exiger qu'on se prosterne devant eux. Ici, le pouvoir est au peuple. Un peuple de techniciens prêts à tout endurer pour la réussite d'un film, mais qui sauront se mettre à l'écart, et assurer le service minimum si les vedettes les ignorent.

Un tournage américain a ses règles, et y naviguer demande un bon sens de la politique. Sur le tournage de *Journey to the Center of the Earth*, nous avions été avisés de la venue sur le plateau de James Cameron, qui fournissait les caméras 3D. De la grande visite, et les producteurs avaient pris soin de bien avertir l'équipe qu'ils souhaitaient que tout soit impeccable lorsqu'il serait là. James Cameron fit son entrée de manière très simple, mais il était très entouré et volait presque la vedette à Brendan Fraser, l'acteur principal du film. On nous avait prévenus que Cameron venait de se briser la jambe lors d'un combat de kick-boxing et qu'il était plâtré du pied au genou. À peine était-il arrivé qu'on me fît remarquer ses jeans. Il les avait fait spécialement fabriquer pour les porter avec son plâtre, la jambe droite étant plus large que la gauche et munie d'une fermeture éclair… Des pantalons sur mesure que Cameron se plaisait à montrer à tout le monde. C'est cela, Hollywood, il faut montrer qu'on est une star.

Les premiers jours de tournage, je suis d'ordinaire assez prudent, prenant le pouls du plateau, observant et ne me précipitant jamais pour prendre les photos. Mais sur *Journey*, la toute première scène offrait une excellente photo de promotion : les trois comédiens principaux avançaient ensemble, lampe torche à la main. Une photo à ne pas manquer, mais qu'il m'était impossible de faire en raison du manque de place. Trois caméras, les assistants, le réalisateur, un espace très restreint, suffirent pour que je décide d'attendre la fin de la scène et de demander à faire poser les comédiens. C'était osé, car je ne connaissais ni les producteurs ni les comédiens.

C'était la toute première scène du tournage, avec toute la tension qui vient avec. Mais j'étais décidé et, après la scène, je demandai au premier assistant-réalisateur de faire poser les comédiens. D'habitude, les acteurs se mettent en place, et cela prend moins d'une minute. Mais ici, j'avais affaire à des vedettes américaines. Il fallait retoucher le maquillage, la coiffure et les costumes de chacun… Je n'avais pas anticipé et j'angoissais voyant le temps que prenaient les «retouches». À l'écart, je sentais le producteur américain s'énerver sur sa chaise, mais j'avais la certitude que c'était une photo importante à prendre, même s'il restait encore 60 jours de tournage… Après 10 bonnes minutes de préparation, je pris ma photo en 10 secondes et on passa à la scène suivante. Le producteur vint alors me trouver. Il était furieux du temps que j'avais pris, et me dit qu'en aucun cas il ne voulait que cela se reproduise. Je m'excusai et en pris bonne note. Je l'avais échappé belle. Je savais que je n'aurais pas de seconde chance et qu'il me fallait dorénavant être prudent, mais je ne regrettais pas ma photo, qui était excellente.

Sur les tournages américains, les photos de plateau sont envoyées très rapidement, et régulièrement, au studio. Il se trouve que sur *Journey*, Brendan Fraser souhaitait également les voir chaque semaine. Un matin, alors qu'il arrivait sur le plateau, il s'arrêta devant moi. Lorsque la star vous parle directement, le silence se fait autour. Il me félicita pour les photos et m'encouragea à lui demander de poser pour toutes les photos dont j'aurais besoin. Je venais ainsi d'obtenir un laissez-passer total pour tout le reste du tournage. Adoubé par la star j'étais devenu intouchable, et le producteur menaçant des premiers jours, devint charmant avec moi.

Plus dure sera la chute

Autre temps, autre tournage…

La journée promettait d'être même plus longue que la précédente… On tournait ce jour-là l'une des principales scènes d'action du film. Le personnage principal, John, était censé faire une chute de plusieurs dizaines de mètres. Dans l'histoire, il s'en sortira indemne – c'est le héros – et poursuivra son chemin vers d'autres aventures. Déjà quatre heures que toute l'équipe attendait de démarrer les moteurs. Chacun s'occupait comme il pouvait. Ici, on regardait des films sur son ordinateur ; là, on jouait aux cartes. Mais tous restaient vigilants, car en quelques minutes il fallait être prêts si le comédien se présentait sur le plateau. On dit à l'équipe qu'il se préparait pour sa cascade. Bien sûr, il ne devait pas chuter pas pour vrai, juste de quelques centimètres, amorçant sa chute avant de se laisser choir sur de confortables matelas. Il y avait tout de même de quoi être inquiet, car tous sur le plateau se demandaient s'il allait être capable de trouver les ressources pour s'élancer dans ce vide pendant une bonne seconde…

p.109
Journey to the Center of the Earth, 2008.

ci-contre
**Brendan Fraser,
Josh Hutcherson, Anita Briem**
Journey to the Center of the Earth, 2008.

À l'heure du lunch, après une demi-journée passée à attendre et avoir répété la scène avec les cascadeurs, les producteurs, l'air sévère, annoncèrent à l'équipe que John serait sur le plateau au retour du dîner. La tension monta d'un cran, mais ne coupa l'appétit de personne.

À l'heure dite, chacun était à son poste. Un étrange silence régnait dans l'équipe. À défaut d'anges, les heures passaient… Après avoir épuisé tous les films à regarder et, à force de les manipuler, avoir transformé les cartes en chiffons de papier, la vedette fut enfin annoncée. John arriva, la tête haute, le regard lointain, concentré, peut-être fébrile mais serein. L'équipe, alerte, se mit en place. Neuf heures s'étaient déjà écoulées depuis l'appel du matin, mais les réflexes étaient toujours là. Pour la énième fois, le directeur photo prit une nouvelle mesure de la lumière. Il était rassuré, elle n'avait pas bougé. C'était un peu normal, car le tournage avait lieu en studio.

Les cascadeurs et le réalisateur entourèrent John, qui semblait mal à l'aise dans son costume lourdement rembourré. Son dos était entièrement protégé et, à la vue de l'épaisseur de mousse, on se disait qu'il devait être en sécurité, d'autant plus que ses protections réduisaient considérablement la distance qui le séparait du sol. Nous n'aurions pas aimé être sa place, pour ainsi se laisser tomber en arrière. Les cascadeurs commencèrent à répéter à nouveau la scène alors que John observait, amorçant son travail intérieur de visualisation. Ce n'était pas sa première scène d'action. Il était même spécialisé dans ce genre de film, ayant déjà sauté d'un avion sans parachute, été éjecté d'une voiture à grande vitesse et survécu à deux ou trois explosions nucléaires.

Les moteurs furent demandés dans une atmosphère pesante. À « action ! », John se laissa tomber sur le dos. À peine avait-il touché le sol (les matelas), qu'il se mit à hurler, incapable de bouger. Un cri déchirant. Réalisateur et assistants se précipitèrent pour former un cercle autour du blessé, dont les gémissements de douleur ne faiblissaient pas. Personne n'osa le toucher, de peur d'aggraver son cas. On hurla sur le plateau de faire venir d'urgence un médecin. Vingt minutes passèrent, la douleur semblait encore vive, puis le médecin arriva au pas de course.

Chacun retenait son souffle. Si une vertèbre était touchée, c'était la fin du tournage et un gros contrat qui s'envolait. Le médecin se pencha sur le pauvre John, l'ausculta avec attention et déclara un peu gêné qu'il ne voyait rien, aucune vertèbre déplacée, encore moins fracturée. Peut-être, avança-t-il prudemment, un petit tour de reins… Tout le monde poussa un soupir de soulagement. Avec précaution, trois assistants se coordonnèrent avec le médecin pour relever l'infortuné. Il grimaça, mais son courage était visible, puis il quitta le plateau. Une heure passa, et l'équipe fut avertie que le tournage était terminé pour aujourd'hui : notre vedette serait indisponible pour plusieurs jours.

Cinq jours plus tard, John était de retour. Il semblait en pleine forme, était souriant et plaisantait. C'était cinq jours que nous avions passé à filmer des « poignées de porte » (des petits plans d'objets) pour s'occuper. Nous étions heureux de le retrouver, nous demandant cependant s'il avait pleinement récupéré de son accident. Le bruit se propagea alors dans l'équipe que le John avait été vu avec l'actrice principale le soir de son accident au Globe, rue Saint-Laurent, que la fête se serait poursuivie jusqu'au petit matin, laissant une chambre d'hôtel dévastée, et un sérieux mal de tête aux deux vedettes…

La mouche

Tout était fin prêt sur le plateau, dans une ambiance très relax. Les comédiens principaux étaient humains et sympathiques (ils disaient bonjour), particulièrement Frank, bouddhiste séducteur grisonnant. Cependant, alors qu'on l'attendait pour tourner, les assistants furent appelés d'urgence à sa roulotte. Frank les attendait les bras croisés, la mine inquiète. Il y avait à l'intérieur une mouche qui ne voulait pas en sortir et qui le dérangeait dans sa concentration. Les bras chargés d'armes de destruction massive (massues, tapettes à mouches, insecticide), les assistants étaient prêts à régler le cas de l'insecte récalcitrant. À peine eurent-ils franchi la porte que Frank s'interposa. Il n'était pas question de tuer la mouche ! Bouddhiste convaincu, il était donc hors de question d'anéantir l'insecte ; il fallait au contraire faire sortir la mouche avec délicatesse. Commença alors un étrange ballet, où les assistants de production désarmés et perplexes entamèrent autour de la mouche une dance non violente pour la convaincre de quitter les lieux. Mais la bête était rétive et aimait son nouveau logis. Elle virevoltait, découvrant avec délice le luxe suave des stars de cinéma. Prise de folie, elle ne semblait pas comprendre ce qu'on lui reprochait et fonçait tête baissée contre les vitres. «Ne la blessez pas!» lança Frank, paniqué. Après 40 minutes d'un encerclement savant, le volatile trouva enfin la sortie. Frank était soulagé et remercia chaudement les assistants. Le tournage pouvait reprendre.

Burgers nocturnes

Des acteurs généreux, il y en a beaucoup, comme ceux qui se montrent grands princes lors du «loto-plateau», cette tradition qui veut que le dernier jour de la semaine chacun place 5 $ ou 10 $ dans un pot commun, dont le gagnant raflera la mise après un tirage au sort à la fin de la journée. Certains comédiens glissent nonchalamment 1000 $, d'autres 100 $, 10 $, ou rien du tout. Ces derniers sont excusables: ils n'ont pas d'argent comptant sur eux, leur cachet de cinq millions de dollars ayant été viré électroniquement dans leur compte à L.A. Bien sûr, si les comédiens cotisent, ils ne participent pas au tirage au sort. Sur un plateau de plus de 200 personnes, les sommes recueillies peuvent aller jusqu'à 3000 $. Deux gagnants sont alors tirés. Un joli montant que toute l'équipe souhaite souvent aux assistants de production, dont le chiffre total des heures travaillées est inversement proportionnel à celui de leur salaire. Il existe aussi parfois des variantes du «loto-plateau», où l'équipe mise en essayant de prévoir l'heure de fin de tournage. Un grand tableau permet à chacun d'écrire son pronostic. C'est une façon comme une autre de prendre du recul par rapport aux délirantes heures de travail demandées à l'équipe.

Mais l'argent n'est pas tout, et la générosité des comédiens envers l'équipe s'exprime parfois de curieuses façons.

Après 12 heures de tournage, l'équipe commençait à se fatiguer, il était 2 h du matin et la fin de la journée n'était pas annoncée avant 5 h… Pour galvaniser les troupes légèrement endormies, Sam, l'acteur principal, souhaita nous remotiver et décida d'offrir à l'équipe de bons hamburgers. Louable intention, mais qui plongea ses assistants dans un défi logistique sans précédent. Comment en effet trouver en une heure 200 hamburgers en pleine nuit? Mais on ne discute pas les volontés de la vedette, et chacun fonça sur son téléphone. On se serait cru dans la salle des marchés de Wall Street. «Combien tu peux me faire de burgers en une heure? 50? J'achète!»

Une heure après, les hamburgers arrivèrent froids mais fiers sur le plateau, devant une équipe dont l'estomac réclamait plus de café que de ketchup. Par politesse, chacun de nous remercia Sam pour son initiative et mangea son burger…

Quelque peu vexé par l'initiative de Sam, Mark, le jeune acteur qui lui donnait la réplique fut piqué au vif. Quelques jours plus tard, Mark en parla à ses assistants, leur demandant de faire mieux que de faméliques hamburgers nocturnes. Ainsi, nous découvrîmes sur le plateau un magnifique bar à jus de fruits et à smoothies. Face aux nombreux remerciements, Mark resta modeste et assura que «ce n'était rien, vraiment, c'était bien normal», car nous étions une équipe formidable! À la fin du tournage, il offrit même à chacun un frisbee avec son nom imprimé dessus…

Cette curieuse compétition trouva sa conclusion un jour de canicule au centre-ville, où Sam décida de reprendre l'initiative. C'était l'une de ces journées montréalaises de juillet, aussi chaudes qu'elles peuvent être froides en février. À la fin d'une scène, Sam vit passer sur son vélo l'un de ces vendeurs ambulants de crèmes glacées. Il envoya aussitôt l'un de ses assistants pour l'arrêter et acheta au vendeur médusé l'ensemble de sa cargaison pour l'équipe.

ci-contre
Patrice Robitaille
Un été sans point ni coup sûr, 2008.

à droite, haut
Kevin Parent
Café de Flore, 2011.

à gauche, bas
Jason Isaac
Nouvelle-France, 2004.

Le regard qui tue

À chaque journée de travail correspond une feuille de service. On y trouve l'horaire de la journée, les points importants à ne pas oublier, la liste des comédiens présents, les heures d'appel des techniciens, et aussi des avertissements à leur intention. La lecture de ces recommandations peut parfois causer bien des surprises et une certaine perplexité. James faisait partie à l'époque de la « A-list ». Aussi la production recevait-elle de la part de l'agent du comédien la « E-list » (liste d'épicerie) des choses permises ou non par rapport à la star. Ainsi, au premier jour de tournage, nous apprenions en lisant la feuille de service qu'il nous était interdit de regarder James dans les yeux, sous peine de renvoi immédiat. Ce n'était pas que James n'aimait pas les gens, mais il souhaitait être pleinement dans son personnage et ne pas être distrait. On le comprend, il n'y a rien de pire que quelqu'un qui croise votre regard. Il nous fallait donc baisser la tête à son approche, comme on le fait encore avec les monarques européens, la révérence en moins (il ne faut pas se moquer tout de même). James, lui, marchait la tête haute et avait fière allure (on pouvait le regarder de dos). Le tournage commença, avec l'équipe la tête basse. Mais dès le deuxième jour survint le drame. Par réflexe, ou pris de démence, un jeune assistant de production répondit au bonjour général que lança la star en le regardant droit dans les yeux ! Ce n'était pas un regard de défi, juste un regard normal, simple, un regard de tous les jours. Le plateau se figea, les yeux tournés vers James et le futur chômeur, victime collatérale du star-système. Avec le naturel qui l'avait rendu célèbre, James salua le jeune assistant tétanisé, allant même jusqu'à lui serrer la main, et poursuivit son chemin. La terre n'avait pas tremblé, l'équipe était encore complète. Je me dis que James n'était lui-même pas au courant de la précieuse recommandation, où alors il était sous l'effet de puissants psychotropes. Nous savions qui était le responsable de cette drôle de consigne : c'était Frank, son agent. Dieu merci, il n'avait pas assisté à la scène, trop occupé à mesurer la distance qui séparait les loges des acteurs du plateau. Car celle de son protégé, rôle principal, se devait d'être la plus proche. Aussi n'hésita-t-il pas à aller se plaindre auprès des producteurs lorsqu'il constata que celle de l'actrice était quatre pieds plus proche que celle de James. C'était inacceptable, car c'était écrit dans le contrat. Il menaça même la production que James allait quitter sur-le-champ le tournage si les loges n'étaient pas déplacées dans la journée. C'est parfois à cela que se mesure le statut d'une star, à la liste de ses exigences.

Certains demandent d'avoir du champagne chaque jour dans leur loge, d'autres des substances moins «pétillantes» (mais efficaces), ou bien d'avoir le droit de quitter le tournage sans préavis, ou encore une Cadillac blanche pour leurs déplacements.

Les demandes de James étaient peu coûteuses, il mangeait de quatre à cinq grilled cheese par jour et buvait du Coke. Rien pour vraiment mettre le budget en péril.

Encouragés par le jeune assistant de production, nous prîmes l'habitude de croiser son regard. Cela n'autorisait pas pour autant la familiarité. On ne s'adressait pas si simplement à James. Si l'on avait quelque chose à lui dire, il fallait respecter un certain protocole. Tout d'abord en parler à son assistant personnel, qui transmettait la demande à l'agent, sans oublier d'en avertir les producteurs. L'agent jugeait du bien-fondé de la question, formulait sa réponse à l'assistant, qui transmettait ensuite la demande à James (en en ayant informé les producteurs). L'assistant venait par la suite vous donner la réponse. C'était un peu long, mais on s'habituait à s'y prendre à l'avance en dressant un échéancier pour les questions.

James était un peu comme le pape, en plus extraverti, ne se déplaçant jamais seul, traînant derrière lui une cour très hétéroclite. Assistants, agent, garde du corps, maquilleurs, coiffeurs, producteur, tous suivaient la tête basse mais l'air important.

Beaucoup de scènes très émotives étaient à l'horaire. Nous savions qu'il fallait être prudents et se faire discrets. Arrivé sur le plateau, James, par l'entremise du premier assistant-réalisateur, demanda à tous les gens présents sur le plateau de se tenir dos à la scène, prétextant que croiser des regards (encore eux!) nuirait grandement à sa performance. C'était une drôle de vision que de voir une trentaine de techniciens le dos tourné au plateau. Si ça ne facilitait pas leur travail, cela donnait une vision de deuil au tournage. Si bien sûr personne ne regardait jamais fixement les comédiens lorsqu'ils jouaient, leur tourner le dos était quelque peu humiliant. Vers la fin du tournage, James exigea que l'on cache complètement la caméra. Il souhaitait être totalement immergé dans le décor. C'était en demander beaucoup, et avec autorité, le réalisateur vint gentiment lui rappeler qu'on tournait un film…

ci-contre
Nouvelle-France, 2004.

p.123
**Guillaume Lemay-Thivièrge,
Lucie Laurier**
Nitro, 2010.

Je repensais à cette histoire de Jean Gabin, dont on disait que, à la fin de sa carrière, il exigeait dans ses films de passer la moitié de l'histoire assis. Un bon casse-tête pour les scénaristes et le réalisateur…

À la fin du tournage, James offrit un cadeau à chacun des techniciens, une photo de lui dédicacée, une façon comme une autre de nous permettre de le regarder droit dans les yeux.

Un brin de mauvaise foi

Pierre n'était pas Américain, c'était un comédien francophone, vedette de son état situé à l'ouest de l'Europe, au sud de l'Angleterre, au nord de l'Espagne et partageant une frontière avec le Luxembourg. S'il lui était plus difficile d'exiger champagne et limousine, il pouvait imposer sur le plateau une certaine lourdeur. Il arrivait souvent par exemple que son humeur soit maussade et qu'il n'ait pas eu le temps de bien apprendre son texte. Dès le premier tour de manivelle («on pèse sur le piton» de nos jours), c'était le blanc total, l'oubli de ce qu'on a pas appris. On refit la scène, et la tension monta d'un cran, puis de nouveau le blanc. Pierre s'emporta et, devant l'assistance pétrifiée, il me prit à partie disant que le photographe «était dans l'axe de son regard» et l'empêchait de se concentrer! On coupa, et tout le monde me chercha. Mais coupable, je ne l'étais pas, car pendant la prise, je me tenais loin de la caméra. N'ayant personne à réprimander, le réalisateur accorda une pause à Pierre, le temps qu'il se concentre à nouveau. Il en profita pour apprendre ses lignes…

De retour en scène, il ne semblait pas de meilleure humeur. On reprit le tournage, mais rien ne fonctionnait. Pour ma part, prudent, je restais à l'écart. On tenta une nouvelle fois la scène mais, après quelques secondes seulement, Pierre s'arrêta de jouer et demanda d'urgence la venue d'un masseur sur le plateau. Il avait très mal au dos, voilà pourquoi il ne parvenait pas à jouer. Le premier assistant improvisa et changea l'horaire de tournage, accordant une pause à Pierre qui partit sans un mot vers sa loge. Il revint en début d'après-midi, dans de meilleures dispositions, le corps massé, l'esprit reposé et, curieusement, en pleine possession de son texte.

C'est long longtemps

Cinq heures déjà que nous attendions Will. Les paris avaient été pris pour prévoir à quelle heure le premier «moteur!» serait lancé. La journée était particulière, car on tournait la grande scène d'amour du film. Enfin, la scène où Will devait déclarer à Kate qu'il l'aime. Le décor était un immense terrain vague reconstitué en studio sur fond vert. Dans le scénario, Will apparaissait au loin, apercevant Kate, seule et désespérée. Dans l'histoire, au début du film, ils ne s'aiment pas vraiment et passent leur temps à s'envoyer des répliques assassines. Mais, chemin faisant, ils finissent par s'apprécier, se reconnaissent certaines qualités et finissent par s'avouer qu'ils se sont toujours aimés. Sur le terrain vague, Kate devait être essoufflée, perdue, et apercevoir Will qui s'avance au loin vers elle, son expression passant de la peur à une euphorie contenue. Will était censé s'approcher à quelques pouces d'elle et la fixer de son regard bleu pour lui déclarer: «I've been waiting for you so long», puis déposer un simple baiser sur ses lèvres. Fin de la scène.

Nous aussi, on avait attendu après lui… Six heures étaient déjà passées, et l'acteur n'était pas encore apparu. Tout était prêt sur le plateau. On partit alors pour le lunch. Les paris reprirent de plus belle. Sept heures? Huit heures? Le bruit courut que Will appréhendait la scène et qu'il avait demandé à avoir un peu de temps pour se préparer.

Après sept heures et demie d'attente, ce fut le branle-bas de combat: il était annoncé. Dans les corridors du studio, on s'écarta sur son passage. Son regard était sombre, marqué par une extrême concentration. Il arriva sur le plateau dans un silence total. Le réalisateur tenta un timide «You're OK, Will?». La mine basse, Will inclina la tête. On lui expliqua la scène. Il partait du fond, marchait jusqu'à Kate et disait sa ligne («I've been waiting for you so long»). Un ange passa, sans regarder Will dans les yeux. Ce dernier soupira et déclara qu'il n'était pas prêt, puis repartit sans un mot dans sa loge.

Deux heures plus tard, il revint sur le plateau, visiblement de très bonne humeur. Il plaisanta avec l'accessoiriste. On sentit tout de suite qu'il avait trouvé le ton juste. C'était du grand « cinéma dans le cinéma », nous le savions tous.

Les moteurs furent lancés. Deux prises et ce fut dans la boîte. Mike, le réalisateur, vint féliciter chaleureusement Will pour sa performance (« *You rock, man! Incredible!* »). Mais ce dernier était modeste : « *No, no, it's nothing, guys, I just do my job…* »

ci-contre
Julie Le Breton, Isabelle Cyr
Nos étés, 2005.

à droite, haut
5150 rue des Ormes, 2009.

à droite, bas
Michel Côté
Cruising bar 2, 2008.

Champ de bataille

—

Le fonctionnement d'une équipe de cinéma ressemble étrangement à celui d'une armée. Une organisation militaire avec sa hiérarchie, ses codes, son règlement. Les uns ont besoin des autres pour mener la guerre des images, et le hasard, rarement source de bonnes surprises, existe peu. Chacun connaît son rôle, chaque sergent dirige sa brigade, chaque caporal son soldat.

Bon temps mauvais temps, le combat se livre, et malgré le travail acharné de chacun, il est bien difficile de prédire l'issue du conflit. Car une fois que l'équipe a quitté le champ de bataille, d'autres guerres débutent, celles du montage, de la promotion, de la distribution, et la plus importante, l'accueil du public. Revue d'effectifs.

L'ennemi : le temps

Le temps au cinéma, c'est l'ennemi absolu. Insaisissable, cabotin parfois, il ne recule jamais et n'a peur de rien. Il n'a ni Dieu ni maître, c'est une créature indomptable. Pour espérer le combattre, il faut faire preuve d'humilité. Certains ont bien essayé de le dominer, aucun n'y est parvenu. Si l'argent vient à manquer alors on se débrouille, on imagine, on fait des compromis. Mais manquer de temps vous laisse sans solutions et toujours avec des regrets.

Pour cette raison, le plateau de cinéma est une ruche où des dizaines d'abeilles s'agitent et se pressent, car une minute perdue ici et là peut avoir une incidence catastrophique à la fin de la journée. Le paresseux n'est pas toléré sur un plateau, et il n'y restera pas longtemps. C'est parfois même un peu trop, chaque département se faisant inconsciemment une compétition sur la vitesse d'exécution. Aller vite est devenu un critère de professionnalisme. C'est souvent au colonel, le premier assistant-réalisateur, de tempérer les ardeurs, de savoir accorder une grâce de quelques minutes supplémentaires à des soldats que l'épuisement pousserait à l'erreur.

Les Américains, plus riches, achètent le temps à coup de millions. Ils tentent de l'étirer au maximum. Pour les soldats, les journées deviennent interminables, 18 heures de travail, 6 heures de sommeil, puis 18 heures à nouveau. Le combattant s'enrichit, mais sa santé s'appauvrit.

Mais le temps s'en moque, lui, l'argent ne l'intéresse pas (il prend peu de vacances et ne s'achète rien) et, au final, c'est toujours lui qui gagne.

Producteur

chef d'état-major

Certaines nuits d'hiver, soldats et gradés sont au front pour quelques batailles décisives. Les guerres se gagnent aussi dans le froid et la noirceur. À la lueur de quelques spots, on découvre ici et là de petits groupes frigorifiés où l'on se serre les uns contre les autres pour trouver un peu de chaleur. Les traits tirés, les yeux fatigués, ils attendent là, dans les tranchées d'une scène, l'ordre d'attaquer.

Au début, peu le remarquent. Il se tient en retrait, et on sait immédiatement qu'il ne s'agit pas d'un simple soldat. Ne serait-ce que par son uniforme, très peu adapté aux conditions extrêmes. Petite veste et souliers légers, ni gants ni chapeau, il semble s'être trompé de porte lors de son voyage dans le temps. Après une heure à grelotter, il ira discrètement demander à la costumière s'il lui reste un petit manteau et des gants, car il ne s'attendait pas à ce qu'il fasse si froid une nuit de février… Les soldats chuchotent et s'interrogent sur l'état civil de l'étrange individu. Il a l'air grave, et ceux qui lui parlent le font avec respect, avec peur pour les plus jeunes. À l'évidence, il est en visite. Une inspection surprise. Même le réalisateur, général d'ordinaire si autoritaire, lui propose sa propre chaise, qu'il refuse poliment tout en s'y asseyant… Ainsi apparaît le producteur, chef d'état-major d'une armée dont il a lui-même trouvé les fonds pour la constituer. Convaincu par l'histoire d'un scénariste, il s'est décidé à entrer en guerre. C'est un fin stratège politique, il sait naviguer dans les méandres des systèmes de subventions. Lorsque vient le temps d'aller motiver les troupes, il choisit son jour. Sa présence rassure, car on sait que, en haut, ceux qui nous gouvernent ne nous ont pas envoyés au front pour rien.

Bien sûr, tous les chefs d'état-major ne passent pas la nuit aux côtés des soldats mais, pour certains, plus napoléoniens, ce sera un devoir que de rester près des troupes. Parfois, du haut de son titre, il s'autorise une familiarité et vient saluer chaque soldat, le félicitant pour son beau travail. Rien de tel pour survivre à la nuit glaciale qu'un encouragement du chef.

Mais le producteur est aussi sensibilité, et il sait conseiller le réalisateur dans ses choix artistiques. Il a une vision d'ensemble du projet et se doit de prendre de la hauteur pour bien juger d'une histoire, de son potentiel et des moyens nécessaires pour la raconter. Lorsque le tournage est commencé, il devient un guide discret. Et qu'il soit ou non sur le plateau a peu d'importance ; il surveille à distance, car, une fois la machine lancée, le plus dur est fait. Pour le producteur, le combat reprendra quand le film sera terminé. C'est ici que se joue la victoire, en surveillant le montage, en faisant vivre le film dans les festivals.

Réalisateur

général

Du haut de sa montagne, il regarde ses troupes exécuter ses ordres. C'est lui le stratège qui sait comment gagner la guerre. Son plan de bataille est clairement réfléchi, mûri depuis longtemps. On l'entoure, on l'écoute, il est la parole suprême, le guide. Pour lui, tous iront au combat. S'il lui arrive parfois de douter, ce n'est pas un aveu d'ignorance, mais la preuve d'une profonde remise en question, un éclat d'humanité. On ne discute jamais ses ordres, au cinéma comme à l'armée, on ne se rebelle pas contre les chefs.

Parfois, le réalisateur a inventé sa propre guerre, il a lui-même écrit son film. Comme un général qui aurait décidé de son champ de bataille. Son combat dure depuis plusieurs années, cinq ans, dix ans parfois. Alors lorsqu'il arrive drapé de son aura sur

le plateau, tout autour de lui n'est qu'infiniment petit. Après tout, il mène une bataille pour laquelle, en cas d'échec, il sera le seul fautif. Sa responsabilité est immense, la pression permanente. Des dizaines de questions à la minute, des centaines de réponses à donner. Personne n'agit sans son accord. Une réponse pour chacun et, surtout, savoir rassurer ses acteurs, les mettre dans les meilleures dispositions de jeu. L'acteur est un doute à lui seul, et c'est au réalisateur de trouver les mots pour faire de cette insécurité l'une des forces du personnage. Souvent, il semble inaccessible, perdu dans des latitudes de création lointaines, l'esprit bouillonnant d'impondérables à résoudre. On se dit alors parfois qu'il est bon d'être soldat, qu'obéir est finalement bien reposant, car pour le chef, chaque jour, la pression est là.

Lorsqu'il quitte le champ de bataille, le réalisateur n'a pas fini sa guerre. Il part en salle de montage et raconte à nouveau son histoire. C'est un autre conflit qui commence, celui des images et de la musique. Il livrera le tout au producteur qui, lui, ira planter le drapeau de la victoire dans les salles de cinéma.

Scripte

aide de camp

Au côté du général se tient son aide de camp, dévoué corps et âme. La scripte surveille tout, note tout, a des yeux partout. Pas une ligne de texte n'échappe à son contrôle, elle est la tour de contrôle du plateau. Cependant, elle ne commande pas, elle signale et propose. Aux avant-postes, la scripte veille. Elle écrit, griffonne, efface, annote, lève les yeux une fraction de seconde et replonge aussitôt au cœur du scénario. C'est un travail épuisant qui ne cesse jamais. L'inattention est son pire ennemi. Un moment d'absence, et c'est le faux raccord. Elle est aussi la confidente du réalisateur, qui vient souvent trouver auprès d'elle un instant de réconfort lorsque le doute se fait trop grand. Fidèle aide de camp, elle protège son général, cultivant son jardin secret de confidences. On oublie trop souvent que, sans elle, tous les films ressembleraient à des films de Godard : sans début, avec des milieux et sans trop de fin.

p.126
Le banquet, 2008.

p.129
C.R.A.Z.Y., 2005.

p.131
Benoît McGinnis, Sébastien Rose, Nicolas Bolduc
Le banquet, 2008.

ci-contre
Café de Flore, 2011.

Premier assistant-réalisateur

colonel

Sur le plateau, c'est lui qui dirige les troupes. En première ligne, baïonnette au canon, prêt à partir à l'assaut. Il peut parfois être autoritaire, mais il se bat contre un ennemi impitoyable, qui ne recule jamais: le temps. Il organise, gère, ordonne, décide, propose. Il est verbe et conjugaison. C'est sur lui que repose toute l'organisation du tournage. Son maître (le réalisateur), en stratège, lui donne sa vision de la bataille qu'il devra organiser. Mais l'assistant-réalisateur est souvent pris entre deux feux, se devant aussi de rendre des comptes au chef d'état-major (le producteur). De plus, il surveille l'horaire pour ne pas le dépasser, et rappel à l'ordre ceux qui traînent le pas…

En amont de la bataille, sous la tente du bureau de production, il prépare l'ordre de bataille, en commençant par découper l'histoire, regroupant les théâtres d'opérations, rassemblant les troupes, et en prévoyant le matériel nécessaire au combat. Souvent, le chef d'état-major (par manque de fonds) lui ordonne de réduire ses troupes, de se passer d'une grue ou d'une steadycam. Fier, le colonel argumente, mais lui aussi est un soldat et se doit d'obéir. Dans cette guerre qu'il s'apprête à mener, il sait que le succès de chaque action dépend de sa capacité à bien coordonner tous les corps d'armée sous ses ordres. Une erreur, et c'est une journée plus longue que prévu, des heures à couper sur la suivante. Il vit sous pression et, à la différence du réalisateur, il n'a jamais l'excuse de la création pour justifier un retard.

à gauche, haut
**Pierre Deladonchamps,
Gabriel Arcand, Philippe Lioret**
Un garçon, 2015.

à gauche, bas
Sébastien Rose, Étienne Laforge
Avant que mon cœur bascule, 2012.

ci-contre
Cruising bar 2, 2008.

Scénariste

origine du conflit

Il sourit simplement, un peu dépassé par ce qui se passe, ne semblant pas comprendre que ce sont ses mots qu'on met en images. Il est plus habitué aux rondeurs d'un fauteuil qu'aux champs de bataille, l'oreille plus caressée par le cliquetis des touches de son ordinateur que par le bruit sourd des canons.

Ermite, il ne sait trop où se placer sur le plateau. Personne n'ayant le temps de s'occuper de lui, il reste à l'abri derrière l'écran qui diffuse les images qui sont tournées. Le regard perdu, l'âme en peine, il semble abandonné. Plus personne n'a besoin de lui, ou alors sporadiquement, parce que le réalisateur a souvent le droit de réécrire quelques lignes pour adapter l'histoire à sa manière de tourner. Car ce sont deux visions d'une même histoire qui se rencontrent. De la même façon que deux personnes qui lisent un roman ne l'imaginent pas de la même façon. La réalité du terrain est souvent éloignée des pensées du scénariste, qui ne sait pas toujours mesurer la force de l'ennemi du cinéma, le temps. Il lui faut alors beaucoup d'humilité pour éviter la frustration en découvrant une scène, ou un personnage, totalement différent de ce qu'il avait imaginé en l'écrivant. Le fossé est abyssal parfois, car un simple angle de prise de vue peut raconter l'histoire d'une autre manière. Sous une pluie battante une nuit glaciale de novembre, au fond d'un bois, il n'est pas rare de voir un soldat courageux s'avancer vers lui pour lui demander s'il ne lui était pas venu à l'esprit que la scène puisse se dérouler sur une plage du Sud… Les scénaristes évitent en général de trop venir sur le plateau, préférant la noblesse de l'art de la guerre, la tactique, à la dure réalité du champ de bataille.

Comédiens

munitions

Selon la guerre qu'on mène, il en existe de toutes sortes, et en nombre suffisant pour parvenir à ses fins. Les comédiens sont évidemment l'élément essentiel du tournage, des armes à la fine pointe de la technologie humaine, du matériel sensible à manipuler avec précaution. Une fausse manœuvre et votre arme risque de s'enrayer. Sur le tournage, on les entrepose dans des loges, et ils ne sont appelés que lorsqu'on passe à l'attaque. Du personnel spécialisé s'occupe d'eux, les préparant au mieux pour optimiser leur efficacité. C'est au général, le réalisateur, qu'incombe la responsabilité de les assembler parfaitement. Alors que certaines munitions atteignent leur cible avec précision, d'autres sont faites pour causer un maximum de dégâts. L'arsenal est illimité, et il faut bien s'équiper avant le tournage. Une erreur de casting et c'est tout le film qui s'en ressent. Mais lorsqu'il est juste, l'attaque est fatale, chaque balle de dialogue atteignant sa cible. Les comédiens font pleuvoir sur le tournage un orage d'émotions, de tempêtes de rires, mais aussi d'effrayants silences. Ils vous glacent le sang, mais d'un regard vous réchauffent le cœur.

ci-contre
Nouvelle-France, 2004.

Directeur de la photographie
commandant d'artillerie

Une fois que l'aviation a bien pilonné les défenses adverses (le producteur a trouvé le budget), entre en scène l'artillerie. La guerre se gagne sur le terrain, avec les troupes au sol. À la tête de sa compagnie, le directeur photo, qui a la responsabilité de mettre en image les idées de bataille de son réalisateur-général, manipule avec brio ses armes de prises de vue. S'il obéit lui aussi, il est également là pour apporter sa touche de création. Il faut savoir viser juste pour atteindre son but. Un cadrage et tout est dit, pas besoin de plusieurs plans. Il éclaire et donne à l'histoire toute son atmosphère, sa consistance. Il travaille de concert avec son réalisateur et, s'il ajoute sa touche personnelle, il ne le trahit jamais. Pour manipuler son arsenal, il dispose de plusieurs corps d'armée qui lui sont entièrement dévoués. Électros, machinos et, surtout, ses assistants, qui veillent à ce que le fusil ne s'enraye pas. C'est un travail délicat que manipuler une caméra. Souvent, un mouvement subtil au bon moment suffira à aller chercher l'émotion d'un acteur. Sans cesse sur le terrain avec ses hommes, c'est un travailleur infatigable qui ne dispose d'aucun répit. Il ne se plaint pas, mange quand il peut, n'est jamais fatigué. C'est un commandant courageux.

Régisseur

sergent-chef

Après la souffleuse à neige, la « régie » est la plus belle invention québécoise. Spécificité de la Belle Province, elle est chargée de toute la logistique du tournage. En tant de guerre, il est primordial qu'il ne manque rien aux soldats sur le champ de bataille. Équipement, transports, infrastructures, vivres, tout doit être là à l'heure et en quantité suffisante. Le régisseur-sergent-chef peut compter sur une cohorte de valeureux soldats pour qu'il ne manque rien. Chaque champ de bataille est inspecté et sécurisé par la régie, où un patrouilleur est toujours présent (l'assistant de plateau). On y dresse la table à café (provision essentielle du technicien-soldat), des baraquements (pour le maquillage, la coiffure et les costumes) et, s'il manque quelque chose, c'est toujours la faute de la régie. Cette extrême concentration des tâches, à première vue légèrement communiste (on a tout et on redistribue au peuple), s'avère extrêmement efficace. Il suffit d'avoir tourné ailleurs qu'au Québec pour s'en rendre compte. Le chaos qui règne sur les productions étrangères, où l'on ne sait jamais à qui s'adresser, vous fait vite regretter le pays de Félix. Pourtant, des films sont réalisés ailleurs, mais rien ne bat l'efficacité de la régie québécoise, véritable machine de guerre. Du fin fond du bureau de production jusqu'au cœur de la scène, vous n'êtes jamais seul. Que vous manquiez d'eau, de piles ou d'un simple papier-mouchoir, la régie veille sur vous, ce sont les casques bleus du tournage.

Figurants

chair à canon

Toute guerre a ses martyrs, ces pauvres diables qu'on nourrit peu et qu'on envoie en première ligne. Ce sont des engagés volontaires, condamnés d'avance.

Il existe deux sortes de figurants : les habitués et les occasionnels. On retrouve les habitués d'un plateau à l'autre, parfois au grand désespoir du réalisateur qui vient de les voir dans un autre film québécois.

Les figurants sont toujours un peu à part dans l'équipe de tournage. Comme les sans-papiers en Europe, on les parque dans une salle qui leur est réservée. On leur attribue un assistant-réalisateur pour s'occuper d'eux, gendarme bienveillant et autoritaire. Au coup de sifflet, ils défilent en silence vers le plateau. Ce sont des êtres très résilients qui passent souvent de longues heures debout au froid sans dire un mot. Avec le temps, on reconnaît les habitués, certains gagnent leur vie de cette façon, et ils ne se mélangent pas aux occasionnels. Toujours en clan, ce sont des professionnels. Il y a là de tout de ce qui constitue une société : des acteurs en attente de leur chance, des pilotes d'avion au chômage, des retraités.

Lorsqu'on les costume, leur attitude change. Celui qui est promu colonel ne parlera plus de la même façon à son ami simple soldat. L'habit fait le moine au cinéma. Si vous mettez une tenue de policier à un figurant, il marchera la tête haute, la main sur son étui, se permettant même quelques blagues à l'équipe…

ci-contre
Les pieds dans le vide, 2009.

à droite
Le banquet, 2008.

Monteur

soldat inconnu

Il est de ceux dont on ne parle pas, qu'on ne voit jamais, et dont l'importance est toujours sous-estimée. Il vient chercher ses récompenses timidement, s'autorise quelques mots de remerciement et repart vers son anonymat. Pourtant, le monteur est un rouage essentiel de la production d'un film. Alors que la bataille semble perdue, que les troupes soignent leurs blessés, il peut, d'une géniale inspiration, changer le cours de l'histoire et vous faire gagner la guerre. Sous la supervision du réalisateur, il propose sa version de l'histoire. Un plan ou deux déplacés ici ou là, une coupe judicieuse sur une scène, et c'est un autre film qui voit le jour. Le monteur vit dans l'ombre et travaille dans le champ de la sensibilité. Son importance est capitale. Bien des films ont été sauvés du désastre par son interprétation de l'histoire. En recevant le matériel brut, loin du plateau, il pose un regard neuf sur l'histoire. Un soldat inconnu qui mériterait plus de reconnaissance.

L'homme invisible

—

On devient photographe de plateau par hasard. C'est un métier fait de solitude et de patience. Sur le plateau, nous sommes la dernière personne à qui pensent les membres de l'équipe. Et avec raison, car le photographe n'a aucune participation à la fabrication du film. S'il n'était pas là, ça ne changerait rien à la journée de tournage.

En devenant un loisir de masse dans les années 30, le cinéma est devenu un produit commercial. Aux États-Unis, où le star-système était déjà très fort, les producteurs ont vite compris qu'il leur fallait vendre leurs films. La concurrence entre les studios était importante, et la publicité devint l'un des éléments majeurs du succès d'un film. Les producteurs demandèrent donc à des photographes de venir prendre des images sur le plateau en vue de la promotion. L'idée était d'obtenir des photos très publicitaires, et on ne se préoccupait guère de chercher à retranscrire l'atmosphère du film. Les photographes réalisaient donc de véritables mises en scène avec les comédiens. Ils avaient à leur disposition l'équipe technique pour les aider à y parvenir. Il était très important de glorifier la star, de la rendre encore plus inaccessible. Les photos étaient très posées, mais donnaient envie d'aller voir le film.

À la même époque, en France, où le milieu du cinéma était aussi très productif, les photographes de plateau travaillaient de manière un peu différente de leurs collègues américains. Ils réalisaient aussi des séances avec comédiens, mais avaient surtout pour mandat de photographier certaines scènes clés du film. Pour ce faire, ne travaillant pas pendant la prise, ils refaisaient jouer pour eux la scène aux comédiens. Les images étaient un peu figées parfois, mais donnaient au public un indice de l'action. D'un bord à l'autre de l'Atlantique, le temps que prenaient ces séances photos grugeait beaucoup les journées de tournage. Rapidement, on demanda au photographe de prendre ses clichés pendant la prise, mais le déclenchement de la caméra faisait du bruit. Apparut alors le « blimp », une caisse étanche, spécialement conçue pour rendre muette la caméra. Ainsi, la photo de plateau se standardisa, le photographe travaillant désormais avec l'équipe pendant le tournage.

Sur un plateau, nous travaillons en solitaire, comme un mercenaire. Nous sommes fantômes et contorsionnistes, devant souvent trouver une place là où il n'y en a pas. À l'annonce du « moteur », le photographe s'approche en silence, fait chuchoter son appareil, puis disparaît dans les ombres du plateau. On le félicite pour sa discrétion, soulignant qu'on ne le voit jamais. Quelle drôle d'idée que de devoir se cacher pour travailler, même les espions ne le font plus !

Le photographe de plateau est la plupart du temps engagé par les producteurs. L'utilisation de nos images intervient souvent longtemps après la fin du tournage, pour la promotion du film. Lors des journées de tournage, l'attente est longue pour le photographe. Il faut que la caméra tourne pour qu'il entre en action. Mais attendre ne signifie pas ne rien faire, car il faut sans cesse rester attentif à ce qui se passe autour de nous. Regarder les répétitions, par exemple, pour bien évaluer l'espace dont on disposera pour travailler, ou s'informer sur le nombre de plans de la scène afin de connaître notre marge de manœuvre pour prendre nos photos. Mais le plus important reste de ne pas déranger les comédiens. Ceux-ci peuvent être facilement incommodés par la présence du photographe. S'ils oublient complètement la caméra, un deuxième objectif en face d'eux peut venir perturber leur concentration. Mais c'est plus l'idée de la photographie que la présence physique du photographe qui dérange. Il y a toujours cette crainte chez les comédiens que l'image fixe trahisse leur personnage. Un acteur est fait pour bouger, parler, dégager des émotions sur une image qui bouge. La photographie vient les fixer dans le temps. Il y a alors le risque qu'ils se reconnaissent eux et non leur personnage. Susan Sontag, dans son livre *Sur la photographie*, résume bien ce qu'est un portrait photographique lorsqu'elle en parle comme «l'inventaire du dépérissement». Il est nécessaire que la confiance s'installe entre les comédiens et le photographe. Les premiers jours de tournage sont une affaire de psychologie, où l'on doit montrer aux acteurs qu'on est là pour eux, et pas contre eux. Malheureusement, sur certains films, le photographe n'est là que quelques jours seulement. Il est donc placé dans l'urgence de prendre des photos. Les résultats s'en ressentent, les images sont alors moins naturelles, avec ce sentiment parfois d'avoir été volées. Être là tous les jours de tournage permet de réellement faire partie de l'équipe, de ne pas passer pour un «touriste». En ayant le temps de travailler, tout devient plus facile. On sait que si l'on ne prend pas telle photo maintenant, on pourra le faire le lendemain. Les comédiens s'habituent à la présence du photographe, et il devient très facile alors de leur demander des photos posées, des portraits.

La fin
d'une époque

—

Il y a une vingtaine d'années, je travaillais en France sur un film qui était tourné au bord de la mer, dans un petit village de Bretagne. Nous étions là pour un mois. À l'époque, il n'y avait pas de caméra numérique, pas d'écran sur le plateau pour regarder ce qui était tourné. Le réalisateur faisait confiance à son directeur photo, se concentrant sur la mise en scène et le jeu des comédiens. Il se devait de prendre des décisions sans avoir de références visuelles. Lorsqu'il estimait la prise bonne, c'est parce que le jeu des comédiens était satisfaisant, pas en raison de ce qu'il venait de voir sur un écran. Pendant la prise, toute l'équipe avait les yeux sur ce qui était tourné « en vrai », pas en regardant la scène sur une télé. Personne n'était ainsi déconnecté de la réalité ; il y avait un rapport direct avec le cinéma. Une fois la journée terminée, la pellicule était envoyée au laboratoire pour être développée. Deux jours après, les bobines arrivaient sur le plateau et tout le monde était convié à les visionner. Pour ce faire, nous nous rendions au cinéma du village. C'était un moment magique de découvrir dans cette petite salle de province ce que nous avions tourné quelques jours plus tôt. Comme en photographie, le fait de devoir attendre avant de voir le

p.152
**Pier-Luc Funk, Francis Leclerc,
Patrice Robitaille**
Un été sans point ni coup sûr,
2008.

ci-contre
Café de Flore, 2011.

résultat nous avait donné le temps de nous souvenir et d'imaginer. Nous avions gardé l'idée d'une émotion et non d'une image. Le fait de la découvrir sur grand écran ne faisait qu'amplifier ce que nous avions ressenti, car elle avait eu le temps de voyager dans notre esprit. Parfois aussi, le résultat était décevant, mais cela faisait partie du cinéma. Voir immédiatement les images qui sont tournées n'est pas forcément une bonne chose. C'est rassurant, mais cela peut nuire au bon jugement du jeu. Le support numérique a enlevé beaucoup de spontanéité aux images. On appuie sur le déclencheur en se disant qu'on aura bien une bonne photo dans le lot. Le fameux «instant décisif» de Cartier-Bresson a disparu, remplacé par le confort de la surcharge d'images. Mais les vrais réalisateurs restent vigilants, attentifs à ce qui se passe devant la caméra et non à l'intérieur de celle-ci.

Au Québec, le temps et l'argent sont devenus les grands ennemis du cinéma d'aujourd'hui. L'urgence sur un tournage est permanente. Lorsque tout est réduit, il faut donc faire des sacrifices, et c'est le photographe qui est en première ligne. On ne pourrait se passer d'un accessoiriste ou d'une maquilleuse, mais d'un photographe? Beaucoup de productions coupent donc dans le budget alloué à la promotion, estimant que seules quelques images de scènes clés suffiront. Pourtant, bien souvent, c'est lors de journées de tournage anodines que se réalisent les meilleures photos. Avec l'idée de ne faire venir le photographe que les jours «importants», on se prive de l'occasion d'avoir des images qui feront la différence. Je me souviens d'un tournage où le producteur m'avait demandé de venir pour une scène importante. Il s'agissait de l'explosion d'une vitrine. Il n'y avait pas de comédiens, et tourner la scène prit une journée. Je me rappelle le producteur venant me demander si j'avais réussi à prendre une belle photo de l'explosion. Je le rassurai, déplorant secrètement son manque de vision pour la promotion de son film. Le phénomène est fréquent. On pense que les journées qui coûtent le plus cher à la production sont les plus payantes pour la publicité. En matière d'émotion, des images d'une importante cascade ne remplaceront pas celles d'un personnage en plan large, marchant seul le dos courbé sous la tempête dans l'immensité d'un lac gelé.

ci-contre
Roy Dupuis
Mémoires affectives, 2004.

ci-contre
Alexandre Castonguay, Antoine Bertrand,
Roy Dupuis, Marc-André Forcier
Embrasse-moi comme tu m'aimes, 2015.

à droite
Xavier Dolan
Elephant song, 2015.

On m'a fréquemment demandé ce que faisait un photographe sur le tournage. Certains se disent qu'il est là pour les photos « raccords » (c'était le cas au tout début du cinéma), et beaucoup pensent que les images qu'ils voient dans les journaux sont directement tirées de ce qui a été tourné. Ce pourrait être bientôt le cas avec les caméras numériques en haute définition, qui menacent de disparition les photographes de plateau. Certains producteurs, toujours dans un souci d'économie, se sont aperçus qu'il était possible de sortir facilement une photo (un « print ») de ce qui a été enregistré. On extrait donc une image d'une scène, mais cette photo fait partie d'un tout, d'une séquence animée de 24 images/seconde, et c'est très rarement satisfaisant du point de vue de la résolution. Plusieurs producteurs me disent ouvertement aujourd'hui qu'ils n'auront besoin de moi que quelques jours seulement, car ils compléteront les photos en allant les chercher sur ce qui a été tourné. Les images du réalisateur avec ses comédiens, les ambiances de tournage sont désormais réalisées par le producteur et son iPhone, ou par d'autres membres de l'équipe. C'est triste, et bien méprisant pour notre métier.

Ce n'est pas une question de budget, mais une nécessité d'avoir du bon matériel de promotion pour vendre le film. Car les photos de plateau qui sont choisies pour la publicité d'un film sont différentes d'un pays à l'autre. Un bon choix de photos, c'est aussi plus de possibilités pour l'affiche, elle aussi différente selon les marchés de distribution, et pour la publicité.

Mais la présence de plus en plus rare des photographes sur les plateaux a surtout des conséquences terribles sur la mémoire du cinéma. Que restera-t-il des films dans quelques années ? Les photos tirées de la caméra ne racontent en rien l'histoire du tournage. Le photographe de plateau est un témoin qui donne son avis sur une histoire. Les évolutions technologiques ont été nombreuses au cinéma et, pourtant, très peu de postes ont disparu, au contraire, de nombreux ont été créés. « Faire » un film reste une aventure humaine, et la mission du photographe est d'en rendre compte. Je repense souvent à une photo de promotion de *Eyes Wide Shut* le film de Kubrick. Curieusement, il ne s'agit pas d'une image d'une scène en particulier, mais d'une photo posée, hors plateau montrant Kubrick souriant avec Tom Cruise et Nicole Kidman. La candeur et la force de cet instantané reflète toute l'histoire et l'esprit du film. Une photo forte, qui reste, et qui n'aurait pas existée sans la présence du photographe de plateau. On me répondra que n'importe qui l'aurait prise avec son iPhone, mais c'est faux, il y a une confiance qui s'instaure entre le photographe et les comédiens, et qui permet de prendre ce genre d'image. Ce type de photographie ne dévalorise pas le comédien, au contraire, elles le rendent humain et constituent une part importante de l'histoire du cinéma. Un des meilleurs exemples est peut-être le livre qui regroupe les images des photographes de l'agence Magnum sur le tournage de *The Misfits*. Marylin Monroe y est photographiée comme un être humain et non comme une star, lui rendant sa grâce et toute sa vérité.

Si l'on n'y prend garde, dans quelques années, les films seront orphelins, amputés de leur histoire.

ci-contre
Anne-Élisabeth Bossé
Les pays d'en haut, 2015.

p.164
Pierre-Luc Brillant, Michel Côté
C.R.A.Z.Y., 2005.

p.166
photo: Daniel Schwartzberg

Remerciements

Renaud Plante, Serge Théroux, Simon Beaudry, Jacques Foisy, Manon, Pierre-Yves Thiran, Jean-François Tousignant, Pierre Even, Rémi Bédard, les comédiens, réalisateurs, les agents d'artistes et tous ceux présents dans ce livre.

Remerciements aux productions

Polydor music, Telfrance, Clara Film, Epithète Film, Les films du Boulevard, Attraction Images, Melenny Productions, Item7, Palomar, ICTV, EMA Films, Cinequest, Reprise Films, Fullum Films, Fresh produce pictures, Paria Films, Walden Media, Fin Août Productions, Grana Productions, Encore Télévision